公路工业化建造书系

All External Prestressed Concrete Segment
全体外预应力混凝土
Assembly Box Grider Bridge
节段拼装箱梁桥

胡 可 刘志权 曹光伦 石雪飞 等 著

人民交通出版社股份有限公司
北京

内 容 提 要

本书系统介绍了全体外预应力混凝土节段薄壁箱梁桥的设计和建造技术,包括标准化设计、力学性能、试验研究、设计计算方法、工业化建造技术与信息化综合管理技术。

本书结合工程实例阐述相关知识,适用性强,可供从事桥涵设计与施工工作的工程技术人员参考;同时,书中给出了理论推导、数值模拟和试验研究的相关内容,也可供土木工程专业的学生和科研人员阅读。

图书在版编目(CIP)数据

全体外预应力混凝土节段拼装箱梁桥 / 胡可等著. — 北京:人民交通出版社股份有限公司,2020.3
 ISBN 978-7-114-15472-0

Ⅰ.①全… Ⅱ.①胡… Ⅲ.①预应力混凝土桥—桥梁设计—研究 Ⅳ.①U448.352.5

中国版本图书馆 CIP 数据核字(2019)第 070877 号

公路工业化建造书系
Quantiwai Yuyingli Hunningtu Jieduan Pinzhuang Xiangliangqiao

书　　名:	**全体外预应力混凝土节段拼装箱梁桥**
著 作 者:	胡　可　刘志权　曹光伦　石雪飞　等
责任编辑:	曲　乐　张江成
责任校对:	赵媛媛
责任印制:	刘高彤
出版发行:	人民交通出版社股份有限公司
地　　址:	(100011)北京市朝阳区安定门外外馆斜街 3 号
网　　址:	http://www.ccpress.com.cn
销售电话:	(010)59757973
总 经 销:	人民交通出版社股份有限公司发行部
经　　销:	各地新华书店
印　　刷:	北京虎彩文化传播有限公司
开　　本:	787×1092　1/16
印　　张:	10
字　　数:	246 千
版　　次:	2020 年 3 月　第 1 版
印　　次:	2020 年 3 月　第 1 次印刷
书　　号:	ISBN 978-7-114-15472-0
定　　价:	70.00 元

(有印刷、装订质量问题的图书由本公司负责调换)

《全体外预应力混凝土节段拼装箱梁桥》
编委会

主　　编：胡　可

副 主 编：刘志权　曹光伦　石雪飞

编　　委：马祖桥　袁　助　宋　军　梁长海　阮　欣
　　　　　席　进　郭　寅　吴红波　程磊科　徐宏光
　　　　　魏　民　黄　淼　朱　军　金　松　姜劲松
　　　　　曹　皓　侯宇航　丁　亮　王杰利　杨　浩
　　　　　黄荣军

编著单位：安徽省交通控股集团有限公司

　　　　　同济大学

　　　　　安徽省交通规划设计研究总院股份有限公司

序 Preface

  工业化建造是以现代化的制造、运输、安装和科学管理的建造方式,替代传统粗放式、高消耗、低效率的建造方式。目前,我国的公路建设正处于由传统产业向现代工业转型升级的重要阶段。在国家工业化发展政策的引导下,探索公路工业化建造新技术、新模式,是行业发展的趋势,也是社会发展的需要。

  在不断探索、持续开拓公路工业化建造新模式的过程中,安徽省创新先行,成功研发、设计和应用了多种具有明显创新和突破的系列标准化技术和装备。装配式全体外预应力箱梁、装配式钢板组合梁、装配式钢管桁架梁、装配化桩板式无土路基、装配式钢筋混凝土通道、装配式夹持型鞍座——自防护拉索系统等,在经历了多年磨砺后,如雨后春笋般涌现。这些技术以其在结构构造创新、设计方法改进、施工工艺革新等多个层面上取得的突破,实现了集约、高效、安全、环保、经济的建设目标,综合效益显著,引领了当下绿色公路发展新变革、新方向。

  安徽省交通控股集团有限公司作为安徽省国有重点骨干企业,高度重视科技创新,始终坚持产、学、研紧密结合,不断推进科技创新与产业转型升级。经过多年实践,集团逐步形成了以节约资源、降低造价、升级质量、提高功效、建设绿色低碳公路为目标,以标准化、系统化、工厂化、信息化为核心的公路工业化建造理念,并形成一批具有良好示范效应的公路工业化建设成果,成为安徽省交通创新发展的主力军。

  为更好地展示创新技术成果,促进行业技术交流,推动成果推广应用,安徽省交通控股集团有限公司组织编写了"公路工业化建造书系"。这套专著的出版,也将为进一步探讨以绿色公路为主题的公路工业化建造技术的发展提供重要参考。

2017 年 8 月
于安徽合肥

前言

  节段预制拼装混凝土梁桥是一种能够很好适用于装配式施工的结构形式,随着体外预应力技术的发展,节段拼装梁桥与体外预应力相结合,形成体外预应力混凝土节段拼装梁桥。具有这种结构的梁桥,以其易检查、易更换、耐久性好,便于规模化建造等诸多优势,成为中等跨径桥梁的有力竞争桥型。

  目前,我国开展了较多的体外预应力混凝土节段拼装梁桥的探索与工程实践,并取得了一定的成绩,但基本以部分体外预应力结构为主,尚未真正突破全体外预应力的技术难题。部分体外预应力体系由于钢束的配置过于复杂,导致节段种类过多,施工模板复杂,不利于结构的标准化建造,不能很好地体现工业化的优势,可能会给施工带来新的负担,导致造价高,综合效益不佳。此外,体内束在接缝位置易发生锈蚀,如果接缝质量控制不佳,其耐久性尚存疑虑。欧洲、美国等多年前已推行全体外预应力混凝土节段拼装梁桥,但其规范体系、荷载标准、建造水平等均与国内存在较大的差别,因此也妨碍了相关技术直接在国内应用。

  随着工业化建造技术和体外预应力防腐体系的进一步发展,对全体外预应力混凝土节段拼装梁桥的需求十分迫切,影响其应用的技术难题亟待解决。如何结合我国的国情,在结构形式标准、预制生产精准、装配施工高效、运营舒适耐久上取得突破,使得全体外预应力混凝土节段拼装梁桥的优势在桥梁全寿命中得到体现,并使其成为桥梁工业化建造的典范,是当前一大课题。

  安徽省交通控股集团有限公司以芜湖长江公路二桥工程为依托,通过理论分析、足尺模型试验、现场跟踪测试等方法,在全体外预应力混凝土节段拼装梁桥的设计、计算、预制、安装、施工管理等方面形成了成套技术。基于工业化建造的特点和需求,将全体外预应力与轻型薄壁箱梁相结合,突破了全体外预应力节段梁桥在国内的应用难题。基于此形成的全体外预应力混凝土节段拼装梁桥的标准结构形式、设计计算理论及工业化建造技术,助力了新技术的推广应用。

　　本书系统总结了相关研究成果及工程应用经验,供读者参考借鉴使用。编著过程中,难免存在偏颇和不足,恳请读者批评指正!

2019 年 8 月
于安徽合肥

目 录
Contents

第1章　概述 ··· 1
 1.1　桥梁工业化建造的发展趋势与现状 ··· 1
 1.2　节段拼装混凝土梁桥的发展现状 ·· 3

第2章　基于工业化建造的节段拼装梁桥标准化设计 ··· 10
 2.1　基于工业化建造的概念设计 ·· 10
 2.2　节段拼装箱梁的标准化设计 ·· 14
 2.3　箱梁节段的标准化设计 ··· 21
 2.4　体外束与锚固系统设计 ··· 25

第3章　全体外预应力混凝土节段拼装梁桥力学性能研究 ··· 31
 3.1　全体外预应力混凝土节段拼装梁桥剪力滞特性研究 ·· 31
 3.2　带肋大悬臂箱梁横向受力特性分析 ·· 36
 3.3　节段拼装箱梁抗裂性能研究 ·· 49
 3.4　全体外预应力混凝土节段拼装梁桥承载能力特性研究 ··· 55

第4章　全体外预应力混凝土节段拼装梁桥试验研究 ·· 59
 4.1　试验方案设计 ··· 59
 4.2　全体外预应力混凝土节段拼装梁桥使用性能试验 ·· 68
 4.3　全体外预应力混凝土节段拼装连续梁桥承载能力试验 ··· 76
 4.4　试验主要结论 ··· 83

第5章　全体外预应力混凝土节段拼装梁桥设计计算方法 ··· 85
 5.1　总体受力特性与基本力学模式 ·· 85
 5.2　抗弯承载能力计算方法 ··· 87
 5.3　抗剪承载能力计算方法 ··· 91
 5.4　转向块及锚固横梁计算方法 ·· 92
 5.5　抗震设计 ·· 95

第 6 章 全体外预应力混凝土节段拼装梁桥工业化建造技术 ·········· 99
6.1 桥梁工程工业化建造的特点 ·········· 99
6.2 节段拼装梁桥工业化建造的基本流程 ·········· 102
6.3 节段预制生产关键技术 ·········· 104
6.4 节段安装关键技术 ·········· 116

第 7 章 信息化综合管理技术 ·········· 120
7.1 信息化管理与工业化建造 ·········· 120
7.2 信息化综合管理平台研发 ·········· 122
7.3 基于大数据的合理质量控制体系的建立 ·········· 135

参考文献 ·········· 148

第1章 概 述

1.1 桥梁工业化建造的发展趋势与现状

1.1.1 桥梁工业化建造的发展趋势

随着我国交通运输产业的迅猛发展以及公路建设技术的完善,推行资源节约、生态环保、节能高效、服务提升的绿色公路理念,成为实现公路建设可持续发展的必由之路。绿色公路强调改进现有的公路建设技术,从传统的粗放型建设手段向生态环保、节能减排的集约型方向发展。

传统的公路桥梁建设,往往在现场搭设支架进行现场浇筑,虽然施工技术简单方便,但大量的人员、机械、工具投入现场作业,使得施工质量较难控制,各种施工安全问题也非常突出,给现场施工管理带来难度的同时,也对环境造成很大的影响。绿色公路理念充分利用了工业化4.0的思想,发展工业化建造技术,具体而言就是各类建设资源在工厂集中配置,利用工厂标准化建设工艺提高并保障质量,充分利用机械设备高效率作业,减少对环境影响的同时,提高建设的效率和质量(张曙,2014)。对于桥梁而言,工业化建造技术通俗理解就是,尽可能减少现场作业量,将桥梁结构放在标准化工艺的工厂流水线上进行预制,既能够保证梁体预制质量,又能够显著提高效率,现场仅需要大型吊装机械进行安装施工,极大减少现场操作人员,从而减少施工安全隐患,降低对环境的影响(沈祖炎,2015;张喜刚,2016)。

工业化建造技术涵盖了标准化、机械化、智能化和信息化的理念。标准化是基础,其概念源于"产品"具有可拆卸性和可组装性,将产品按照一定规律拆卸成若干部件,采用相同的模具制作并通过一定方式连接成整体。例如标准化在汽车和飞机等制造行业的应用,带来的影响是部件可以实现工业化和产业化发展,提高了产品质量和生产效率。机械化是方法,无论是工厂制造还是现场安装,都需要借助自动化机械设备,通过机械方式进行施工,在降低施工安全风险的同时提高了建设效率。智能化是方向,借助AI学习,实现建造过程与品质控制的更优、更高效。信息化是管理手段,通过融合结构信息模型实现各类参数互联互通管理,通过线上线下同步操作能够实时掌握施工进度和建设效率,实现对全寿命周期的结构控制。

工业化建造技术在国外具有较多发展和应用,在土木工程领域的典型应用是房屋建筑中的预制装配式住宅。据统计,采用工业化的建造技术,可以减少60%的材料耗损、减少30%以上现场建造人员、减少83%的现场垃圾、缩短70%以上建造周期、保证50%以上节能、回收66%的材料,具有显著优势(刘美霞,2015;杨闯,2016;López-Mesa,2009)。近年来,工业化建造技术开始在公路桥梁、地下空间、水利工程等方面应用发展,具体到公路桥梁领域就是研发标准化设计方法、装配式建造技术、信息化质量管理平台等。尽管装配式桥梁结构已经研究实践多年,但尚没有研发一种广泛应用的技术解决方案,能通过标准的结构设计与构造,匹配大量跨径和桥面宽度使用需求的桥型结构。

预应力混凝土梁桥是我国量大面广的中小跨度桥梁的主要结构形式,为了实现预制装配化,往往采用横向分割的方法形成多肋式梁桥,这样各梁片可以在工厂预制并能通过吊机现场安装,只需要浇筑横梁将梁片横向连接起来。多肋式梁桥能够适应装配式建造工艺,但梁肋重量较大,且横向连接在运营中病害较多,在一定程度上限制了多肋式梁桥的应用。如果能够进行纵向分割,则可以显著降低梁肋吊装重量,提高预制拼装效率,但预应力需要设计成全体外形式才能便于梁肋的纵向分割与连接。目前,国内外学者对体外预应力梁桥结构也都有一定的研究,但国内对其的应用尚处于初期阶段,国外已大量应用。然而,这些研究主要是针对整体现浇的简支梁结构,以及体内和体外混合配束的结构,尚没有针对全体外预应力拼装连续梁桥的系统研究。尽管已有的研究结果对节段拼装全体外预应力混凝土梁的承载能力分析有一定借鉴和指导意义,但由于试验的针对性不强,缺乏直接数据支持。

本书针对全体外预应力拼装连续梁桥结构,系统介绍了其标准化设计与构造方法、结构力学性能与计算理论、全体外预应力连续梁足尺模型试验、工业化预制与架设技术等内容,形成全体外预应力拼装连续梁桥工业化建造的系统技术方案,这对于补充和完善全体外预应力连续梁桥的结构理论与设计计算方法具有重要的科学价值,对于推广我国公路桥梁工业建造技术及绿色公路建设理念具有重要工程实践意义。相关内容的研究也得到了安徽省交通运输厅科技计划项目"节段拼装全体外预应力混凝土连续梁关键技术研究"的支持。

1.1.2 桥梁工业化建造的现状

建筑工业化随着西方国家工业革命的发展而提出,随着欧洲兴起的建筑运动,为解决第二次世界大战战后建设难题,开始实施工业化预制、现场机械化安装,逐步形成了建筑行业的工业化雏形。桥梁的工业化在国外于1949年以后开始逐步形成雏形。美国、欧洲国家、日本、新加坡等都相继建立起了建筑工业化的体系,包括相应的政策、技术标准等。以新加坡为例,房屋建筑的装配化比例已经达到80%以上,不同建筑之间的配件通用程度达到75%,实现了高度的工业化(缪英,2017)。我国于1955年开始,面对国家的工业建设重任,原建筑工程部在吸收苏联发展经验的基础上,首次提出了推进建筑工业化的要求,并推行了一系列措施,逐步形成了装配化和机械化施工的技术政策,也逐步提高了我国建筑机械化水平和预制装配程度(缪英,2017;王玉,2016)。1956年丰台桥梁厂建成了生产大跨度预应力混凝土铁路预制梁的成套生产设备,并形成了相应的生产工艺。同年丰台桥梁厂在12m试验梁的基础上开始了23.8~31.7m长度的预应力混凝土预制梁的正式生产(王振华,2005)。1964年唐山铁道学院铁道建筑教研室夏孙丁等人在对苏联、英国、美国、德国、法国、日本等国桥梁工业化调研的基础上,较系统地论述了桥梁建造工业化是我国桥梁的发展方向,将在原有水平上逐步推进。在过去的近50年,我国桥梁沿着工业化的方向在不断发展。

20世纪70年代以来,经历了30多年的高速发展,我国的桥梁建设取得了显著的成就,在桥梁工业化建造方面也有了一定的成绩。在国内,铁路桥梁的工业化建造先于公路桥梁,目前形成了较完善的标准化体系,包括标准化的设计、生产、安装,能够实现中等跨径铁路桥梁的工业化建造(王振华,2005)。近年来公路桥梁标准化建造也迎来了蓬勃发展,至21世纪初,装配式桥梁结构得到充分发展,先后形成了装配式钢筋混凝土板梁、小箱梁、T梁等结构形式,并相继颁布了交通部标准图,基本覆盖了 40m 以下跨径桥梁上部结构的装配化建造(项贻强,2015)。此外还有钢板组合梁、钢箱组合梁、波形钢组合梁等装配式或半装配式组合梁结构,以及钢箱梁和钢桁梁结构的桥梁。

综上所述,我国桥梁的工业化建造虽然起步较晚,经过 30 余年的技术发展,已经逐步积累了一定的工业化建造经验和相应的技术成果,形成了相应的结构形式。但由于受到生产方式落后、管理手段低、连接技术滞后等因素的影响,其工业化建造的程度仍不高,仍有很大的改进空间。桥梁的工业化建造不仅要从便于装配施工的角度出发对结构形式进行改进和优化,也要对生产方式的组织、生产手段、控制方法、管理模式及建造思路进行全方位的转变,才能取得更好的效果。

1.2 节段拼装混凝土梁桥的发展现状

1.2.1 体外预应力节段梁的研究现状

欧洲是近代科学思想最活跃的大陆,自然科学的许多科学巨匠都来自欧洲。预应力混凝土真正在现代土木工程中的应用也开始于欧洲。由于预应力思想在古代就已有工程应用,所以混凝土问世以后一些学者和工程技术人员尝试在混凝土结构,如楼板中通过张拉钢筋使用预应力技术,但并未获得成功。

推动预应力在混凝土结构工程中应用并取得实质进展的历史人物之一是德国的迪辛格(Dischinger)。他在 1934 年获得了一个专利,这个专利是一个使用后张体外预应力的创新专利。同时,迪辛格对混凝土收缩与徐变特性对结构长期变形的影响也极为关注,并于 1935 年第一次建立了一个有效的数学模型。在 20 世纪 30 年代缺乏成熟可靠理论的情况下,迪辛格选择体外预应力的目的是能够对预应力筋进行二次张拉,以消除混凝土收缩徐变对结构受力的影响。

1937 年采用迪辛格体外预应力筋的第一座预应力混凝土桥梁——德国的萨克森州奥厄公路桥建成,跨径布置为 25.2m + 69.0m + 23.4m。此后的 20 世纪 40 ~ 70 年代,因为体外预应力索的防腐问题没有解决,使得其应用实践不如有黏结体内预应力混凝土桥梁。1949 年迪辛格也开始转变成了有黏结力筋的提倡者。尽管这样,体外预应力混凝土也并未消失。几座桥在法国、比利时、英国相继修建,但并不是所有这些桥都获得了成功,部分桥由于预应力筋保护措施不当,造成大量锈蚀损坏,不得不进行更换。

欧洲在 20 世纪 70 年代以前还修建了一些体内预应力钢束、体外预应力钢束(以下简称体内束、体外束)混合配置的桥梁,如 1969 年修建的英国贝塞斯·奥斯·拜恩双线铁路桥。同一时期,也出现了采用体外力筋加固既有桥梁的实例。早期的一个例子是加固瑞士 Aare 河桥,该桥为两跨钢桁架桥(48m + 48m),建于 1809 年,由于承载力不够,于 1967 年采用体外索加固。在 20 世纪 70 年代中期,Freeman Fox 和他的同事设计的 Exe and Exminster 高架桥采用了体外索。

节段拼装桥梁建造技术最先在法国应用。1951 年法国工程师 Freyssinet 在 Luzancy 桥架设施工中采用了纵向预制梁段和接缝匹配的施工方法,是节段拼装桥梁的建设开端,1962 年在法国工程师 Muller 设计的 Choisy-le-Roi 桥采用短线法匹配技术进行节段预制梁施工,1966

年建成的 Oleron 桥采用了移动拼装支架方法进行节段拼装施工。随着体外索的应用，1978 年在 Muller 设计的美国佛罗里达州的 Long Key 桥首次采用体外预应力和节段预制方法进行施工，这是最早的体外预应力节段拼装桥梁的设计建造示例，随后在 Seven Mile 桥、Channel Five 桥、Sunshine 桥等都应用了这种施工技术（Podolny，1982）。

虽然体外预应力混凝土桥的发源地在欧洲，但是体外预应力混凝土桥在经过 30 年沉寂后在美国重新焕发旺盛生命力，而将体外预应力引入美国的是法国人 Jean Muller。他设计了 1980 年 9 月竣工的长礁桥（Long Key Bridge）。该桥位于美国 1 号公路上佛罗里达州跨海部分，共 103 孔，总桥长为 3701m，中间的 101 孔采用 36m 等跨度布置。长礁桥是美国第一座采用节段预制、体外预应力、逐跨拼装技术修建的桥梁。采用这种方案的主要目的是加快建设速度和提高经济性，并最终获得巨大成功。从此体外预应力也与节段预制拼装施工工法紧密联系在一起。Long Key 桥的预制块件利用驳船由预制场运到桥位位置，然后，再用一台浮吊将块件放在安装桁架上，桁架通过钢制支撑架放在 V 形墩上。一跨的全部块件就位后，通过张拉体外预应力束成为一个整体。直到 20 世纪 80 年代，体外索的防腐问题得到根本完善，体外预应力结构开始较广泛地推广应用。相对而言，体外预应力技术在我国的应用发展较为缓慢，早期主要用于桥梁加固，随后开始用于预应力梁桥的设计中，例如 1990 年建成的福州洪塘大桥引桥和 1995 年建成的汕头海湾大桥（其预应力混凝土加劲梁中的底板预应力筋采用了无黏结体外钢索）。

至此，节段预制拼装桥梁在全世界范围内广泛推广应用，1990 年建成的 Mid-Bay 桥和 Garcon-Point 桥都采用了节段预制拼装体外预应力混凝土结构，并采用了干接缝形式，创造了一周架设 290m 和 299m 的世界纪录。1990 年前后，美国工程师 W. Podolny Jr. 和法国工程师 J. M. Muller 对法国、美国、德国等多个国家 270 多座预应力混凝土节段拼装梁桥的工程实践情况进行了大量的资料统计与分析研究，对节段拼装梁桥的施工工艺进行了系统的总结，对节段预制的工厂化生产方式给予了充分肯定。节段预制拼装技术配合体外预应力混凝土结构形式也在亚洲国家应用，主要是这一结构形式能够适应快速、大体量的桥梁建造（陈彪，2014）：1996 年韩国汉城（今首尔）内环线就是采用节段预制悬臂拼装施工方法，为体内与体外混合配束结构形式，汉城（今首尔）沿江高架桥则采用预制节段拼装和干接缝全体外预应力结构形式；1997 年建成的连接新加坡和马来西亚的柔佛海峡 2 号桥采用体外预应力节段拼装悬臂施工方法；2000 年建成的泰国曼谷曼纳高速公路高架桥（图 1-1），全长 55km，平均跨径 42m，采用体外预应力节段预制施工技术，预制 39 570 个节段并采用干接缝拼装，施工周期仅仅用了 26 个月（Takebayashi，1996；Brockmann，2000）。这些体外预应力节段拼装梁桥的施工实践，促进了节段预制体外预应力梁桥向工业化建造方向的提升与发展。在 Jean Muller 国际公司和德国 Bilfinger Berger 公司的指导下，泰国曼谷建成了世界上最长及最大预制作业的曼纳高速公路桥。

日本的桥梁建造技术尤其是大跨度斜拉桥、悬索桥的建造技术在世界处于领先地位，在体外索桥梁的建设方面日本也有较多的实例。在日本，习惯从体外索相对梁截面重心的位置对体外索桥梁进行分类。一类是我们通常意义上的体外索桥，即体外索布置在截面腹板的外面（针对薄腹板梁），但体外索在沿截面的高度方向上，位于截面全高度范围内或在截面高度以外，不超过 1 倍梁高的范围内；另一类即大偏心体外索桥（Extradosed Bridge），也有学者将其称为部分斜拉桥,即通过一个矮桥塔将体外索的偏心移到梁体高度以外。这种桥的设计理念类似于在预应力混凝土(PC)结构和普通钢筋混凝土(RC)结构之间用部分预应力混凝土(PPC)结构过渡一样,在梁式桥和斜拉桥之间用部分斜拉桥来过渡。

图 1-1　泰国曼谷曼纳高速公路高架桥

日本在 1985 年后陆续建造了岩滑泽桥、重信川桥等兼用体内和体外力筋的混凝土梁式桥。日本国营铁路西日本福盐线上的芦田川桥为全体外索梁式桥。东海北陆高速公路上位于日本爱知县尾西市开明的开明高架桥的第 104～134 墩之间上部结构为箱形预应力钢筋混凝土三跨连续刚构,纵向预应力束全部为体外预应力,建造方法为满堂脚手架现浇。表 1-1 为国外体外预应力及部分预制拼装桥梁应用情况。

国外体外预应力及部分预制拼装桥梁的应用　　　　　　　　　　表 1-1

桥　　梁	建成时间(年)	结构形式	最大跨度(m)
美国 Long Key	1980	连续梁	36
美国 Seven Miles	1982	连续梁	41
法国 Pont-a-Mousson	1984	连续梁	76
法国 Poncin 桥	1986	连续梁	155
法国 Rc 岛桥	1988	连续梁	110
美国鲍德温大桥	1993	连续梁	84
泰国曼谷第二期快速路工程	1993	简支梁	45
土耳其伊姆拉霍尔高架桥	1995	连续刚构	115
日本岩滑泽桥	1996	连续梁	50
日本重信高架桥	1996	连续梁	40
马来西亚柔佛海峡桥	1997	连续梁	70
日本第二明神高速公路弥富高架桥	1998	连续梁	50
法国高速铁路阿维尼翁高架桥	2000	连续梁	100
泰国曼纳高速公路桥	2000	简支梁	44.4
德国 Itztalbrucke 桥	2007	连续梁	58
德国 Weidatal 桥	2007	连续刚构	169

我国节段预制拼装桥梁的应用实践最早体现在铁路桥中,例如20世纪60年代的成昆铁路1号桥、子牙河大桥和湘江铁路大桥等,都是采用预制拼装技术,从原来的全跨预制逐渐发展到节段预制。2013年建成的西宝客运专线常兴渭河特大桥采用了19×48m的桥跨布置,为预制节段拼装简支箱梁桥,每跨内布置11个预制节段。节段预制拼装梁桥在我国公路桥的应用实践从福建洪塘大桥开始,随后的夷陵长江大桥、上海沪闵高架桥、广州地铁4号线高架桥、深港西部通道引桥、苏通大桥引桥、厦门集美大桥、上海长江大桥引桥、南京长江四桥引桥、泉州湾大桥引桥、厦漳跨海大桥引桥、桃花峪黄河大桥引桥等大型桥梁工程都采用了体外预应力节段预制拼装技术,这些桥梁的信息见表1-2。

节段预制拼装体外预应力梁桥在我国的应用案例汇总　　　　表1-2

桥　　梁	结构形式	最大跨度(m)	配束形式	接缝形式	施工方法	建成时间(年)
福建洪塘大桥	连续梁	40	体外	干接缝	逐跨拼装	1990
香港蓝巴勒海峡大桥	连续刚构	120	混合	—	悬臂拼装	1996
珠澳莲花大桥	连续刚构	96	混合	胶接缝	悬臂拼装	1999
上海新浏河大桥	简支梁	42	混合	胶接缝	逐跨拼装	2001
上海沪闵高架桥	连续梁	35	混合	胶接缝	逐跨拼装	2002
广州地铁4号线高架桥	连续/简支梁	70	体内	胶接缝	悬臂拼装	2005
北京五环线立交匝道桥	简支梁	36	混合	胶接缝	逐跨拼装	2006
深港西部通道引桥	连续梁	75	混合	胶接缝	悬臂拼装	2007
苏通大桥引桥	连续梁	75	混合	胶接缝	悬臂拼装	2008
厦门集美大桥	连续梁	100	混合	胶接缝	悬臂拼装	2008
上海长江大桥引桥	连续梁	60	混合	胶接缝	悬臂拼装	2009
上海崇启长江大桥	连续梁	50	混合	胶接缝	逐跨拼装	2009
南京长江四桥引桥	连续刚构	52	混合	胶接缝	悬臂/逐跨拼装	2012
厦漳跨海大桥引桥	连续梁	67.5	混合	胶接缝	悬臂拼装	2012
桃花峪黄河大桥引桥	连续梁	51	混合	胶接缝	逐跨拼装	2013
芜湖长江公路二桥引桥	连续梁	55	全体外	胶接缝	逐跨拼装	2017
乐清湾	连续梁/刚构	150	混合	胶接缝	悬臂/逐跨拼装	2018
泉州湾跨海大桥	连续梁/刚构	70	混合	胶接缝	悬臂/逐跨拼装	2015
虎门二桥引桥	连续梁	62.5	混合	胶接缝	悬臂/逐跨拼装	在建
鱼山大桥	连续梁/刚构	260(含钢梁)	混合	胶接缝	悬臂/逐跨拼装	在建
南昌市洪都大道高架	连续梁/刚构	60	混合	胶接缝	悬臂/逐跨拼装	在建
嘉鱼长江大桥	连续梁	50	混合	胶接缝	逐跨拼装	在建
南京长江五桥引桥	连续梁	52	混合	胶接缝	逐跨拼装	在建
五峰山长江大桥北引桥	连续梁	50	混合	胶接缝	逐跨拼装	在建

上海沪闵高架公路(二期)首次在国内采用短线法进行预制匹配,预制节段梁逐跨拼装施工,节段梁为截面宽度25m、高度2.1m的多箱结构;全线设计为30m和35m两种标准跨径,采

用标准化设计使得墩顶节段重 130t，而其余节段 110t（冯为民，2002；金仁兴，2004）。苏通大桥引桥则采用 75m 跨径预制拼装体外预应力箱梁结构，这是体外预应力节段拼装梁桥设计结构形式首次在大型桥梁工程中的应用实践（傅琼阁，2007）。上海长江大桥引桥采用了 60m 跨径体外预应力预制节段拼装梁桥，崇启大桥采用了 50m 跨径的体外预应力节段拼装梁桥，同样采用规格化的设计方法，但是综合采用了体内和体外配束（Guo，2009）。

1.2.2　体外预应力节段梁结构性能研究现状

对于体外预应力节段梁的结构性能，需要解决因为体外索带来的预应力钢束应力增量、结构内力分配、横梁受力、结构剪力滞效应、接缝受力等问题。

传统的有黏结体内索，在正常使用和承载能力状况下都可以按照平截面假定计算预应力钢束的应力值，从而分析其弹塑性状况。体外预应力索则不同，由于体外索与混凝土截面的分离使得两者的变形是不协调的，在截面破坏时还存在预应力的二次效应影响，因而不满足平截面假定，也不可能通过截面分析得出体外预应力筋的极限应力。目前实用简化计算方法均通过估算结构破坏时体外预应力筋的应力增量，然后采用截面强度简化计算方法计算极限承载能力。

针对无黏结预应力的应力增量计算，国内外都发展了不同的方法，例如美国规范 ACI318.11 以应变协调为根据尽可能获得极限应力增量；英国 BS8110—97 规范考虑跨高比和无黏结预应力筋指标计算其应力增量；加拿大 A23.3 规范涵盖了跨高比和受压区高度对应力增量的影响。此外还有德国规范 DIN4227、新西兰规范 NZS3101、澳大利亚规范 AS3600 等都给出了应力增量的计算方法。我国在不同的设计规范和技术章程中也给出了无黏结预应力筋的极限应力增量计算方法，大都考虑了配筋指标和跨高比等因素（王晓东，2014）。然而，这些公式计算中没有考虑体外预应力筋二次效应对预应力增量的影响。随着计算手段的发展，可以通过数值模拟方法呈现实际结构受力的全过程，因此有关学者（Dall'Asta A，1993；Dall'Asta，1998）尝试从数值分析角度探索体外预应力的极限应力增量计算问题，提出基于能量变分虚功原理的非线性分析模型，将其用于体外预应力梁的计算分析中；Ghallab（2005）研究了影响体外预应力增量的相关因素，指出钢束线形（直还是曲）、混凝土强度、钢束有效高度、转向块数量等参数都会影响应力值。Harajli、Diep、Alkhairi 等人开始发展塑性铰理论、非线性有限元分析、黏结折减系数等方法，进行极限状态下钢束二次效应应力增量的计算（Dall'Asta A，1993；Harajli，1999；Reineck，1995）。

相对而言，国内的理论和试验研究相对滞后一些。牛斌（2000）将体外预应力混凝土梁的荷载挠度关系分为裂前弹性、裂后弹性和裂后非线性三个阶段，考虑开裂后的二次效应和梁体受力过程的材料非线性和几何非线性，列出基本平衡方程并将其计算机化，同时他也提出了根据破坏时塑性铰区长度计算体外索应力增量的简化计算方法，并与做过的 10 片简支梁试验进行比较，取得了较好的效果。徐栋（2000）和项海帆尝试采用条带法和分层模型，编制能够考虑体外预应力二次效应影响的有限元非线性分析程序；李国平（2007）和沈殷则通过系列体外预应力钢筋混凝土梁桥的试验结果，采用数值非线性有限元方法建立体外预应力梁的全过程分析模型，并给出了体外预应力筋应力增量的简化计算方法。

综上可知，体外预应力混凝土梁在极限状态下预应力钢束的受力特点并不能通过平截面假定推演，预应力的应力增量与梁的跨高比、配筋指标和黏结特性等参数相关，可以通过试验梁方法回归分析应力增量的变化特性，也可以基于数值有限元分析的手段，更加全面掌握体外预应力的极限应力特点。

接缝是体外预应力混凝土节段梁桥施工的特殊构造，也是其结构的最薄弱环节。因此对于接缝的设计，往往要求接缝本身强度要高于梁体的强度，且能够平稳传力发挥连接功能。目前节段拼装梁桥接缝主要有湿接缝、胶接缝和干接缝三类。湿接缝通过现浇一部分混凝土进行连接，胶接缝则采用环氧树脂等进行胶接，干接缝则通过多键齿直接连接。这里面湿接缝的强度和整体性最好但是施工难度大，干接缝的强度最低但是施工效率最高，因此实际中也往往主要采用干接缝和胶接缝两种形式。接缝截面开裂的剪切破坏模式是节段拼装梁桥的特有破坏形态，因为接缝处没有钢筋连续通过，所以其强度较低，在承载能力极限状态下很容易从接缝处开裂延伸形成破坏。目前国内外对接缝的承载安全性能有一定的研究，也通过回归分析，得到了一些用于接缝承载能力验算的公式，但都是采用半经验半理论的方法。

早在1959年Jones(1959)开展了后张预应力混凝土节段干接缝的剪力传递机理和抗剪承载性能研究，获得其破坏模式和计算摩擦系数，范围在0.39~0.69；随后国外学者开展了大量的拼接缝受力性能研究，并探讨了接缝受力面积、剪切面处置方式、侧向压力大小等因素对其的影响，Koseki(1983)、Breen等则系统地研究了平状干接缝和胶接缝，以及单个和多个键齿的干接缝和胶接缝在荷载作用下的剪切性能，指出干接缝只有整体式浇筑试件抗剪强度的62%~76%，并建议采用胶接缝形式，而如果采用干接缝则需要采用键齿构造形式；Beattie(1989)则探讨了钢纤维掺量对接缝连接性能的影响；Bakhoum(1991)更是开展了101个接缝直剪性能试验，试验涵盖了多种接缝类型、构造形式、接缝厚度、侧向压力等参数，通过大量的试验确定了平干接缝、平胶接缝、键齿干接缝和键齿胶接缝的剪切强度计算方法；Turmo(2006、2011)长期开展了节段预制拼装混凝土梁桥的结构性能研究，并对接缝处的箍筋配置、设计构造、承载性能开展了系统研究，借助有限元分析的方法研究了各种变异参数情况下的承载能力，并对美国国家高速公路和交通运输协会(AASHTO)规范进行了修正；Shamass(2014，2016)等人也开展了35个接缝的直剪性能破坏试验，并在试验研究的基础上采用有限元分析手段拓展了研究参数的取值，得到了建议平胶接缝的抗剪承载力计算公式；此外部分学者还研究了高性能混凝土预制节段梁之间的接缝抗剪性能，例如Voo(2015)等人开展了多个超高性能混凝土(UHPC)节段梁的接缝剪切性能试验，并建立了对应的键齿接缝理论计算模型。

国内节段梁的应用较晚，因此对于节段梁接缝性能的研究工作也主要从21世纪初开始。汪双炎(1997)率先开展了三键齿和五键齿干接缝的试件缩尺模型试验，研究表明键齿数量不影响键齿开裂前的承压抗剪；李国平(2006，2007)和沈殷开展了18根和27根体外预应力简支梁的弯曲和剪切性能试验，表明因为接缝的存在显著削弱了节段梁的抗剪承载力，特别在剪跨比偏大的情况下，并得到节段预应力混凝土梁接缝截面的抗剪承载能力计算公式。李甲丁(2010)依托南京长江四桥体内与体外配束节段预制梁桥，开展了15个接缝试件的直剪性能试验，试验考虑了平干接缝、平胶接缝、单键齿干接缝、单键齿胶接缝、多键齿干接缝和多键齿胶接缝等，采用ANSYS软件对接缝承载破坏全过程进行了模拟，并推导了接缝抗剪计算公式；陈黎(2013)开展了16个试件的接缝抗剪性能试验，对比了平干接缝、键齿干接缝和整体浇筑无接缝，探讨了键齿深度、间距、数量、纤维掺入量等参数；孙雪帅(2015)对节段预制拼装梁的抗弯性能和抗剪性能开展了研究,得到了干接缝和胶接缝的计算公式。此外,还有相关学者开展了 UHPC 节段梁接缝的剪切性能研究,张策(2014)开展了超大跨径连续梁桥的接缝设计和模型试验,提出了牛腿式 UHPC 节段接缝连接,并对接缝的倾角、深高比、齿梁高比等参数进行了研究,得到了最优设计方案;刘桐旭(2017)通过 34 个接缝抗剪性能试件研究了 UHPC 接缝的抗剪性能,对键齿倾角、键齿深度、侧向应力和剪切面弯矩等参数进行了系统分析,并归纳出了抗剪承载力计算公式。

这些研究重点针对接缝连接面的剪切性能展开,在节段梁中的接缝受力往往是弯扭同时作用。如果是传统的有黏结体内预应力梁的接缝,在实际状况下的破坏模式往往是传统的抗弯破坏;体外预应力梁接缝则会在弯矩作用下在接缝处出现开裂,并随着荷载增加接缝处裂缝增长并最终导致接缝剪切破坏,这一破坏模式和现象在诸多研究中得到证实(Koseki,1983;李国平,2006;Zhou,2005)。因此,在体外预应力预制拼装梁桥结构的设计中,对接缝构造与抗剪性能的把握是结构设计优越性的关键。

综上,自从 20 世纪 90 年代以来,我国逐步对节段预制拼装混凝土梁桥工业化建造技术进行了大量的探索和研究,并在苏通大桥等项目中进行了较大范围的应用,取得了一定成就。但由于结构构造设计、生产方式组织、项目管理等方面未能以工业化建造的指导思想进行全面革新,工程实践的效果尚有改进空间。也有项目由于未能形成规模化,导致综合效益不佳;甚至某些工程为了实行节段拼装的施工方式,直接将现浇结构简单分段转变为预制安装式施工。这样简单粗暴的工业化建造不但不能发挥工业化建造的优势,反而会造成资源的浪费。

第 2 章　基于工业化建造的节段拼装梁桥标准化设计

桥梁工业化建造是一种系统的建造方式革新,要以标准化设计为前提,合理的构造设计是工业化建造的关键因素。虽然我国已有不少体外预应力混凝土节段拼装梁桥的工程实践,但各工程的结构形式多样,构造复杂多变,不利于工业化建造的推进,甚至造成资源浪费。针对体外预应力节段梁的合理构造的研究相对较少,基于工业化建造需求的合理构造研究更少,不能有效指导这种结构形式的工业化建造。为此,有必要对其合理构造开展系统研究。

本章从工业化建造的角度对节段拼装混凝土梁桥的合理构造开展系统研究,分析这种桥梁在结构体系选择、断面设计、节段划分、体外束配置方面如何更好地适应工业化建造需求,明确体外预应力混凝土节段拼装梁桥的合理构造及对应的设计方法,为其工业化建造提供支持。

2.1　基于工业化建造的概念设计

节段拼装桥梁建造的工业化程度主要由设计的标准化程度决定,只有高度标准化的设计,才能充分体现节段梁的工业化建造优势。如何提高设计的标准化是工业化建造在设计环节需要解决的关键问题。从结构体系层面而言,影响其设计的标准化程度主要因素包括合理的桥跨布局与结构体系选择,钢束布置与结构总体构造的相互配合,结构设计与现场施工方式的协调等。

2.1.1　桥梁工业化建造的需求

1) 质量提升的需求

近 30 年的基础设施建设经验表明,桥梁结构在采用传统现浇方式进行建造时,会受到施工的地理环境、气候变化、季节更替、操作条件复杂等因素的限制,存在质量难以控制、后期养护困难等有待解决的问题。此外,在追求桥梁建造速度的同时又要降低施工造价,在无关键的技术突破和建造方式的转变情况下,结果多是以牺牲工程质量和耐久性为代价,大桥建成往往不足 20 年就要进行加固维修,造成了极大的资源浪费(项海帆,2006)。

随着桥梁技术的综合提升,对工程的质量要求不断提高,追求桥梁工程综合质量已经是工程建造的关注重点之一。这要求对桥梁的建设方式进行全面的转变,由传统的"粗放式"向"集约式"转变,由"分散式"向"集中式"转变,由"不可控"的现场作业向"易于控制"的场内作业转变,由"随机性高"的人工操作向"稳定性高"的机械化操作转变,由"单体生产"向集中的"批量化生产"转变。通过不断提高桥梁工程的标准化程度,推进标准化技术,实现工业化建造的转变,满足桥梁工程质量提升的要求。

2) 人力资源转变的需求

随着我国经济发展和社会的进步,我国的人口红利已经明显变薄,且会持续变薄。持续采用劳动密集型方式保障桥梁工程的建造优势,利用低人力成本和以包代管的模式将难以维持。在当今社会发展下,农民工已经不再青睐劳动条件相对恶劣、劳动强度较高的桥梁施工行业。近年来施工企业已频频出现"招工难""用工荒"等劳动力短缺现象,且这种现象仍在不断发展,传统模式明显难以为继(沈祖炎,2016)。

因此必须通过不断推进工业化的进程,通过机械化和自动化的施工方式降低劳动力的密集程度,解放劳动力。通过工厂化的生产,改善从业人员的工作条件和作业环境,提高从业人员的劳动保障水平,提升桥梁建筑行业的综合水平,才能维持行业的更好发展。

3)环境保护的需求

节约能源、降低污染、保护生态环境已是目前国际社会的共识。发达国家近年来已开始着力通过技术创新、技术改进等措施降低建筑行业的能耗,降低对环境的影响,我国相对滞后。我国经过改革开放40多年的高速发展,各行各业都取得了显著的成效,但高速发展的同时也伴随着能耗过高、环境破坏明显等发展代价,桥梁建筑行业也不例外。国家的"十三五"规划中将生态文明建设放在一个很高的位置,提出要坚持绿色发展,着力改善生态环境。交通运输业是服务于国家发展战略的重要行业,随着"十三五"规划的战略部署,交通运输行业也加快了"综合交通、智慧交通、绿色交通、平安交通"的发展(冯正霖,2015),桥梁建造也需要随着交通行业的发展转变而不断转型。

因此,通过工业化建造的方式降低桥梁建造的能耗,降低桥梁建造对环境的影响,也是"十三五"发展战略的要求。

4)行业进步的需求

经过多年的发展,我国桥梁建设已走出一条自力更生之路,走出了从技术引进、吸收再创新到技术原始创新和集成创新的技术发展道路,取得了举世瞩目的成果,行业的技术发展取得了极大的进步。但我国桥梁行业水平仍有很大的发展空间,需要持续发展,保持、缩小并赶超发达国家的技术发展步伐。近年来发达国家提出了"工业4.0"的发展战略,推进各行业的工业化,桥梁行业进一步推进工业化势在必行。我国桥梁行业的技术进步也要求加大工业化推进的力度,并应不断诠释工业化的新内涵,进一步发展桥梁工程的新型工业化建造技术(项海帆,2014)。

5)国家发展的需要

根据国家发展战略规划,桥梁工程的工业化建造符合《国家中长期科学和技术发展规划纲要(2006—2020年)》的规划方向,党的十六大提出了"走新型工业化道路"的发展方向,2012年中央经济工作会议中也提出了"走一条中国式新型工业化道路"的要求。十三五规划提出"必须坚持节约资源和保护环境的基本国策,坚持可持续发展"的论断,同时我国仍处在进一步建成全面小康社会的关键时期,基础设施的进一步建设是刻不容缓的发展要求。这就要求我们在综合发展的同时要走工业化建造的路线,减小对生态环境的影响,实现可持续发展,提高建设质量,提升桥梁结构的耐久性,提高桥梁工程的综合效益,满足国家发展对行业的要求。

2.1.2 全体外预应力混凝土薄壁箱梁的总体构思

体外预应力混凝土结构具有易检查、易更换、耐久性好等诸多优势,尤其是与节段拼装混凝土箱梁相结合,其优势更加明显。对于节段拼装结构,无论是采用胶接缝,还是采用干接缝,其接缝的密实性均难以得到有效保障。节段拼装箱梁内布置的体内预应力钢束在接缝位置发生锈蚀的风险较大,一旦发生锈蚀会给结构承载能力带来一定的损失,且体内束处于不可更换状态。在英国第一次发生由于体内预应力钢筋锈蚀造成的严重问题是1967年汉普郡的Bickton Meadows人行桥;1985年,位于英国希格拉摩根郡的Ynys-y-Gwas桥也因为预应力钢筋腐蚀问题而倒塌,这两座桥都采用节段预制拼装施工方法,节段接缝为薄砂浆接缝;此后,英国及使用英国规范的地区便大量使用体外预应力体系,包括在现浇的预应力混凝土箱梁桥中也尽量采用体外预应力形式。因此,一方面就结构的耐久性需求而言,节段拼装桥梁中应采用体外预应力形式;另一方面,工业化建造需要结构的构造设计具有高度的标准化。如果配置体内预应力则箱梁制造过程中需要进行管道预埋与定位,且每个节段的管道形式各不相同,会对节段的标准化制造带来极大的麻烦。此外体外束锚固的齿块、槽口等构造布置会影响预制模板的标准化,进而降低生产效率,加大生产质量控制的难度。

尽管工程师普遍认识到体外预应力的优势,但却难以将全体外预应力形式很好地应用在节段拼装桥梁中。这是由于在设计过程中缺乏工业化建造思想的指导,会习惯性地将节段拼装箱梁构造沿用传统箱梁的构造尺寸,但由于体外束的布置位于箱梁底板外,其偏心距e与体内束偏心距相比普遍偏小,预应力一次矩$M = N \times e$效应减小,容易导致设计验算中出现承载能力不足的现象。由于体外预应力的承载能力偏低,故采用全体外预应力形式时,结构的极限承载能力较难满足要求。为解决这一问题,设计者往往会通过进一步增加梁高、增大截面尺寸,并且配置更多的钢束去提高结构抗力S_r。但随着结构尺寸的增加,结构的设计内力S_d也随之增大,当抗力S_r的增量小于S_d的增量时,结构的极限抗力依然无法满足要求,容易使得设计进入了"无解"的误区;或者通过大范围的截面增加和配束增加,最后满足了结构的受力要求,却丧失了结构的经济性和可施工性。

在工业化建造理念的指导下,将全体外预应力与轻型薄壁箱梁结构相结合时,这一问题迎刃而解。全体外预应力和轻型薄壁箱梁在桥梁工业化建造过程中是一种有机的结合,二者之间的关系如图2-1所示,可以从结构受力需求和工业化建造工艺两个层面阐述两者之间的依存关系。

首先,从结构受力需求的角度考虑,轻型薄壁箱梁降低了箱梁结构的自重,降低了恒载比例,使结构的承载能力以更高的比例去满足运营荷载的要求,从而很好地解决了全体外预应力承载能力偏低的缺点,因此可以说轻型薄壁箱梁为全体外预应力提供了应用条件;其次,从工业化建造工艺的角度考虑,全体外预应力的形式取消了体内预应力束管道的设置对箱梁壁厚的限制,箱梁的壁厚只要满足受力的要求即可,这为轻型薄壁箱梁的构造设计提供了可能。

在一定程度上可认为轻型薄壁箱梁和全体外预应力形式是一组相辅相成的组合,也是结构发展的必然产物。同时全体外预应力与轻型薄壁箱梁的结合也能更好地适应工业化建造的需求。全体外预应力的配置为构件的标准化设计提供了条件,使得构件工厂化生产的标准程度更高。轻型薄壁箱梁能够减小构件移运重量,提高生产效率,同时能够增大逐跨架设适用的跨径范围,增大工业化建造节段拼装梁桥的跨径范围。从国外工程实践来看,无论是泰国的曼谷二期快速路工程,还是美国的塞斯奎河纳桥都很好地佐证了这一结论。

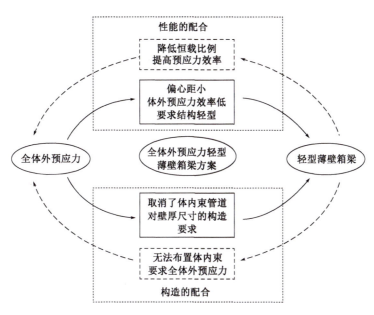

图 2-1　薄壁箱梁与全体外预应力的关系

2.1.3　节段拼装梁桥工业化建造的适用范围

基于工业化建造的全体外预应力混凝土节段拼装梁桥的采用需要综合考虑桥位地貌和工程规模等综合确定。节段拼装混凝土梁桥建造包括节段预制、节段运输与节段安装三个基本环节。节段安装采用机械化设备自行走架设，对桥位的地貌无太高要求，只要架设沿线的桥上或桥下净空满足桥机行走要求即可。但预制与运输环节对桥位地貌有一定的要求，沿线应具备修建预制场的条件，或具有良好的运输通道与现有预制场地高效连接，满足低成本、高效率运输的要求。

工程规模是影响采用节段拼装梁桥工业化建造的重要因素，预制装配结构在无法形成规模化时，其综合效益会受到很大影响，甚至会造成资源浪费。尤其是节段梁预制场地的建设成本相对较高，在无法形成规模化生产时投入大，难产生经济效益。工程实践经验表明，单个工程的预制规模不应小于 1000 榀，预制规模达到 2000 榀以后才能实现较好的综合效益。如果节段预制可由现有预制场通过便捷的运输途径供应，则 1000 榀以上的规模就会有较好的综合效益。以中交第二航务工程局有限公司（以下简称中交二航局）第四工程有限公司为例，该单位在芜湖市鸠江区裕溪口长江码头处建立了永久性的混凝土构件预制场，可利用便捷的航运为多个项目供应预制节段，南京四桥、舟山市鱼山大桥的预制节段均由该预制场提供，其质量和成本均能得到有效控制。

节段拼装混凝土箱梁的可用范围很广泛，既可应用于等截面梁桥，也可应用于变截面梁桥及斜拉桥中，相应的跨径范围也很大。但对于工业化建造的全体外预应力节段拼装梁桥而言，其合理的跨径范围会受到经济性和安装设备的限制。节段预制和体外束安装工作空间要求，节段预制箱梁的箱内高度不宜小于 1.5m，对应箱梁的高度不宜小于 1.9m。合理梁高与跨径的比例一般为 1∶15，由此计算其适用的最小跨径可按照 30m 控制。

现分别以苏通大桥 50m 跨的跨中标准断面和芜湖长江公路二桥 55m 跨的跨中标准断面为基准,按照高跨比 $h/l = 1/15$ 确定不同跨径的梁高,保持顶板和腹板形状不变,确定各跨径的标准断面。按全跨均采用标准断面进行估算,分析不同跨径对架桥机承载能力的要求。架桥机主桁跨中的承载能力 M_d 与跨径 l 的关系如图 2-2 所示,架桥机承载能力 M_d 与跨径 l 呈指数趋势增长,桥梁跨径为 60m 时,架桥机承载能力 M_d 约为跨径 30m 时架桥机承载力的 4.5 倍。假定架桥机采用常见的矩形断面,架桥机主桁板厚均为 20mm,则架桥机主桁高度与架设跨径之间的关系如图 2-3 所示,随着主梁跨径增大,架桥机高度呈二次曲线增长,当跨径达到 60m 时,架桥机高度约为 3.9m,此时主梁高度为 $l/15 = 4.0$m,若跨径继续增大,架桥机梁高过大,不仅增加了施工费用,还会影响施工过程中架桥机操作。综上所述,基于工业化建造的预制节段拼装梁桥的跨径不宜超过 60m,逐跨拼装。

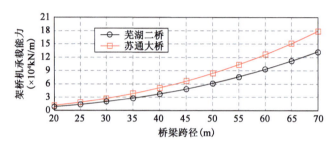

图 2-2 架桥机承载能力 M_d 与跨径 l 的关系

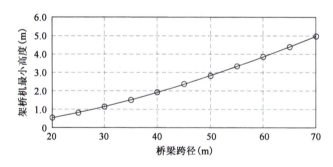

图 2-3 架桥机主桁高度与跨径 l 的关系图

全体外预应力混凝土节段拼装梁桥可采用连续梁体系,也可采用连续刚构体系。结构体系的选择既要考虑结构受力的需求,也应考虑结构架设安装的工艺要求。对于桥墩较矮时宜采用连续梁体系,可降低温度、沉降等效应对结构的不利影响,同时墩顶块的安装难度相对较低。对于高墩结构,为降低起吊重量和便于安装,可采用连续刚构体系,墩顶块与桥墩施工均采用现场浇筑方式施工。

2.2 节段拼装箱梁的标准化设计

节段的标准化设计是节段预制拼装混凝土梁桥工业化建造的起点,也是决定工业化建造程度的关键因素。实现预制节段的标准化设计需要考虑箱梁断面设计的标准化、节段划分的标准化,以及墩顶节段和转向节段的标准化问题。

2.2.1 标准化桥跨布置

节段预制拼装梁桥跨径布置由施工工艺、结构设计等因素综合确定。一方面,由于架桥机等吊装设备受承载力、临时施工设施经济性等因素制约,逐跨拼装工艺常应用于跨径小于60m的节段拼装梁桥,平衡悬臂拼装工艺常应用于跨径60~100m的节段拼装梁桥;另一方面,采用悬臂拼装工艺时,需通过张拉预应力来平衡墩顶梁段负弯矩,若采用体外预应力方案,预留管道及体外束锚块数量多,增加了结构自重,且局部构造复杂,故悬臂拼装工艺常采用体内体外混合配束布置形式,全体外预应力混凝土箱梁桥可采用逐跨拼装工艺施工。因此,全体外预应力箱梁桥可采用逐跨拼装工艺施工,其跨径布置不宜超过60m。

本书所介绍的全体外预应力箱梁桥标准跨径布置包括30m、40m、50m和55m四种,通过标准跨径梁桥增加和减少标准节段数量,可满足任意跨径布置节段拼装梁桥的设计,跨径布置应满足以下原则:

(1)非标准跨径桥梁应选择跨径相近的标准跨径桥梁作为参考进行设计,需满足表2-1要求。

非标准跨径选择(单位:m) 表2-1

标准跨径	非标准跨径	标准跨径	非标准跨径
30	≤30	50	45~50
40	35~40	55	50~5

(2)为保证转向块、横梁锚固块体外预应力束预留管道通用性,非标准跨径桥梁通过标准跨径桥梁可调整区段节段长度及数量进行设计。标准跨径分区示意见图2-4。

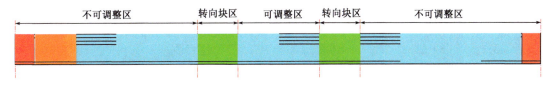

图2-4 标准跨径分区示意图

(3)非标准跨径桥梁体外束线形与标准桥梁线形相同,可通过选取不同型号预应力束,调整结构受力状态,以满足设计要求。

(4)桥梁总体设计应以标准跨径为主,由于地质、现有交通等因素而无法采用标准跨径时,非标准跨径设计应按上述原则进行,以实现标准化设计。

2.2.2 标准化断面设计

2.2.2.1 断面设计原则

本书2.1.1节的论述表明采用轻型薄壁箱梁设计是支持全体外预应力成立的重要条件,也是支持采用逐跨架设的重要条件。因此,在断面设计时要以轻型薄壁箱梁为基本构型,在满足结构安全和耐久性的条件下,尽可能降低结构自重,实现断面尺寸的轻型化。断面设计时可由桥面板横向受力确定顶板的合理厚度,通过设置桥面横向预应力提高桥面板的承载能力,降低顶板厚度;并充分利用挑臂宽度减小腹板间距,降低混凝土的用量。通过斜腹板的设计减小底板宽度,底板的尺寸主要由支点负弯矩区域底板纵向抗压面积控制。由于架设方式采用了逐跨架设法,其支点负弯矩较一次落架和悬臂拼装施工法均有很大的缓解,因此对底板尺寸的要求很小。

目前,国内采用节段预制拼装梁桥的工程逐渐增多,如苏通大桥、虎门二桥、乐清湾大桥、沪闵高架等均为典型代表工程,除采用弧形底板单箱多室截面的沪闵高架二期等有特殊需求的工程外,已建节段拼装梁桥主梁以单箱单室截面为主:一方面单箱单室截面模板简洁,预制效率高;另一方面,主梁采用单箱单室截面,节段重量大幅度减小,便于结构运输和吊装。图 2-5 所示为部分已建节段梁桥横断面。

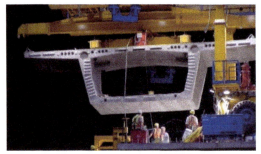
a) Rio-Niterói Bridg 箱型梁

b) 嘉绍大桥节段梁

c) 上海新浏河大桥

d) 芜湖长江公路二桥引桥节段梁

图 2-5 部分已建节段拼装梁桥横断面

标准断面的设计应该具有较强的适用性,可以满足合理跨径通用性的要求,至少应能兼顾单个项目全线不同结构的需求,能够很好协调不同跨径断面。这样的设计既能确保不同跨径之间衔接的美学协调性,又能确保预制生产和架设安装的统一性。统一的断面布置能够满足场地布置、施工机具、生产台座的通用性,提高设备周转利用效率。架设设备能够在不同跨径间顺畅转化,提高架设效率。

构造的可施工性是要求在标准断面设计时充分考虑节段在生产过程中操作的便捷性,有利于提高生产效率,便于对生产质量进行控制。在断面设计中需要注意断面的最小尺寸满足施工操作的最小要求,所有倒角和细节的处理应便于模板的安装与拆卸。同时需要考虑体外预应力施工时,钢绞线安装和张拉过程的可操作性和安全性问题。只有设计的构造具有良好的可施工性,在节段的制造、运输和安装过程中才能更好地提高施工质量,实现更好的综合效益。

2.2.2.2 四车道标准断面

根据《公路工程技术标准》(JTG B01—2014)的规定,对于设计车速100km/h的高速公路和或一级公路,双向四车道对应的标准断面如图2-6所示,桥面结构的总宽度可按照12.5m选定。传统箱梁顶板尺寸范围多在24~28cm,横向预应力管道的埋设与锚具安装需要的最小构造尺寸不宜小于20cm。以板厚20cm进行试算后,可知通过合理设置横向预应力桥面板受力均可满足要求,考虑在我国公路普遍存在超载,顶板厚度可按照范围22~26cm选取。翼缘长度以根部负弯矩进行受力控制,腹板宜采用斜腹板设计,以减小底板宽度。

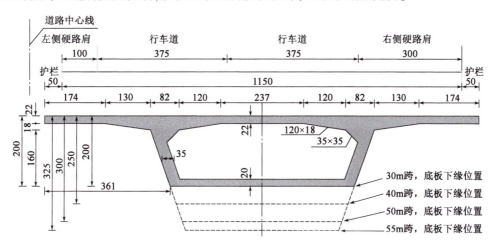

图2-6 设计时速100km的公路桥梁双向四车道标准断面布置示意图(尺寸单位:cm)

经分析优化后形成的分离式公路桥梁四车道的标准断面如图2-6所示,顶板厚度为0.22m,翼缘板悬臂长度为3.04m,底板厚度为0.2m,底板宽度为5.28m。腹板外缘与顶板之间采用一次倒角加腋构造,倒角尺寸为1300mm×180mm,腹板内缘采用二次倒角加腋构造,倒角尺寸为350mm×350mm+1200mm×180mm。腹板采用斜腹板构造,腹板外侧边线的斜率为1:2.8,腹板水平厚度为0.35m。

在标准断面设计中,各种倒角的设置需同时考虑受力和施工操作的要求。内加腋采用二次倒角,确保外缘线均为大钝角,便于模板拆除。底板与腹板的斜度满足拆模要求,取消了底板与腹板的倒角,采用半径150mm的圆弧处理,有利于定型钢模的加工与安装。在不同跨径设计时,可按照保持断面上部尺寸不变,保持腹板既定斜率不变,保持底板厚度不变,选定合适的梁高即可。梁高的初定可按照高跨比 h/l 控制在 $1/17\sim1/15$,再通过结构的总体受力计算进行校验。

2.2.2.3 六车道标准断面

车速100km/h的高速公路和或一级公路,双向六车道对应的标准断面示意如图2-7所示,桥面结构宽度可按照16.25m选定。顶板厚度可按照与四车道标准断面保持一致,选用22cm。此时桥面如果翼缘板按照现四车道类似布置,经分析最大翼缘长度不超过3.5m,则两腹板之间的间距将达到7.63m,在箱体中央位置将出现过大的正弯矩,无法满足横向受力要求。同时底板的宽度也相对较宽,不利于箱梁的轻型化设计。为了解决这一问题,翼缘板可采用带肋大挑臂构造,通过加劲肋的设置,提高大悬臂翼缘的承载能力。

每榀预制节段设置一道加劲肋,通过加劲肋的布置可以有效缓解翼缘板根部的弯矩,加劲肋的高度应尽可能小,以便于加劲肋模板的安装与拆除,通过优化分析后确定标准断面加劲肋根部高度为1.0m。由于加劲肋的设置在腹板与加劲肋底部交界位置会有明显的应力集中问题,使得腹板局部弯曲效应明显。为了解决这一问题,对腹板采用了双折线设计,用于缓解加劲肋根部传递至腹板的应力集中现象。

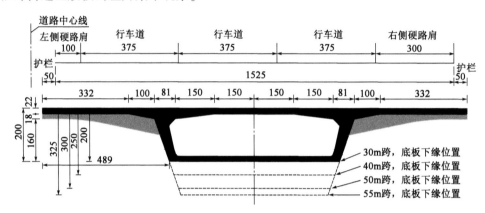

图2-7 设计时速100km的公路桥梁双向六车道标准断面布置示意图(尺寸单位:cm)

双向六车道标准断面见图2-7,顶板全宽16.25m,两侧翼缘采用大悬臂设计,悬臂宽度为4.32m,翼缘板下方设置加劲肋,加劲肋布置在每个预制节段的中央。这样的设计既满足了受力的要求,同时也减小了底板的宽度,从而减轻了节段的重量。箱梁顶板厚度为0.22m,顶板内设置横向预应力筋以满足其横向受力的要求。底板厚度设计为0.20m,既能满足支点受压的要求,也能满足剪力键的构造尺寸要求。加劲肋底部厚度0.2m,加劲肋根部高1.0m,悬臂端高度0.20m,此时,腹板内壁受力状态相对较好,但是桥面板拉应力较大,通过配置桥面板横向预应力可有效解决局部受拉问题,满足结构使用性能要求。这种断面结构的六车道具有很强的适用性,可以满足跨径范围在30~55m的全体外预应力节段梁设计需求。

已经建成规模较大的苏通大桥引桥50m跨节段拼装梁桥、上海长江大桥引桥50m跨节段拼装梁桥断面(图2-8)质量的对比情况见表2-2。在同等跨径下本书提出的标准断面质量是苏通大桥的80.46%,是上海长江大桥的74.34%,在满足截面受力要求的前提下实现了断面的轻型化。且本书将断面与架设方式相结合,考虑了全跨的等截面设计,可同时适用于跨中断面和支点断面。本书提出的六车道标准断面已经成功应用在芜湖长江公路二桥引桥的55m

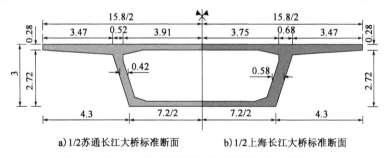

图2-8 已建50m跨节段的标准断面示意图(尺寸单位:m)

跨、40m 跨和 30m 跨结构中，六车道的节段总数量达到 8050 榀，外模形式统一，实现了高度的标准化建造。

标准梁段质量比较表　　　　　　　　　　　　　　表 2-2

桥名	本书断面 1	本书断面 2	苏通长江大桥	上海长江大桥
跨径(m)	55	50	50	50
设计车道数	6	6	6	6
标准段质量(t/m)	20.20	19.85	24.67	26.70

2.2.2.4 八车道标准断面

车速 100km/h 的高速公路和或一级公路，分离式双向八车道对应的标准断面布置示意如图 2-9 所示，桥面结构宽度可按照 21.25m 选定。顶板厚度可按照六车道标准断面保持一致，选用 22cm。如采用单箱室布置，翼缘悬臂长度按照最大极限设计为 5m，腹板间距将达到 9.63m，已无法通过配置横线预应力解决桥面板横向受力的问题。因此双向八车道应采用单箱双室构造，翼缘板构造可与六车道形式保持一致。

通过优化形成的分离式双向八车道的标准断面如图 2-9 所示。顶板厚度采用 22mm，通过配置横向预应力解决横向受力问题。箱梁的翼缘仍采用带肋大悬臂形式，翼缘尺寸与六车道保持一致，每榀预制节段设置一道加劲肋。顶板与腹板的加腋采用双折线形式，构造尺寸与六车道断面相同。顶板箱内跨度为 11.01m，单个箱式跨度为 5.08m。中腹板竖直布置，腹板厚度为 0.35m，中腹板与底板倒角尺寸为 250mm×250mm，在下端按照半径 150mm 倒圆角，便于模板加工与装卸。边腹板的构造和斜率均与六车道相同，在不同跨径断面设计时也可保持箱梁上部尺寸不变腹板保持角度不变向下延伸，至设计梁高即可。这种断面形式可采用等截面设计，适用的跨径范围为 30～50m。该断面重量与上海长江桥的标准断面接近，由 2.1.3 小节的分析可知，对于该断面，跨径超过 50m 范围架桥机设备的要求过高，较难满足逐跨拼装的架设要求。

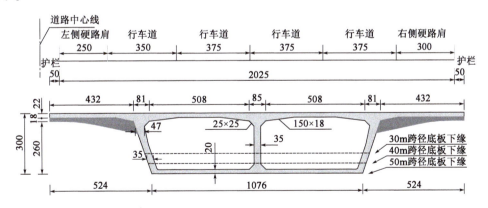

图 2-9　设计时速 100km 的公路桥梁双向八车道标准断面布置示意图（尺寸单位：cm）

2.2.3　变宽断面的考虑

桥面变宽是市政桥梁设计过程中不可避免的问题，在市政工程中开展节段拼装梁桥的工业化建造面临的最大矛盾就是标准化设计与复杂多变的线路设计之间的矛盾。等宽度的小曲线半径及超高变坡等问题可以通过节段预制拼装过程中采用合理的线形控制技术解决,对结构的标准化影响相对较小。但结构变宽的问题需要进行合理的规划。在保证桥面变宽的条件下尽可能提高结构的标准化程度,同时需要考虑节段预制过程中模板系统的可调整性。

对于现浇结构一般通过箱式变宽进行处理,在保持翼缘板宽度不变的情况下通过腹板间距的调整来实现桥面的变宽;对于传统的T梁、小箱梁等多梁式拼装结构,一般通过湿接缝变宽进行处理,这种处理方式便于纵梁的标准预制,但在现场湿接缝的工作量较大,且需要进行横向钢筋的焊接,不利于对施工质量的控制。节段预制拼装桥梁的处理可在第二种处理方式的基础上进一步改进,既要确保预制生产的标准便捷,又需避免现场钢筋焊接和大量混凝土现浇。

节段预制模板一般构造如图2-10所示,底模台车可在轨道上移动,侧模为可开启式,侧模合模后底部与底模台车对齐。芯模采用液压控制收缩式构造,固定于芯模台车上,随芯模台车移动。端模固定在模板台架上形成预制系统的参照物。因此,芯模和固定端模调整难度大,节段梁预制中不宜对箱式的尺寸进行调整。翼缘板悬臂宽度的调整相对较为简单,模板布置为侧模(翼缘底模)夹端模形式,通过对翼缘端模位置的调整实现对翼缘宽度的调整。

图 2-10 节段预制模板一般构造示意图

进行翼缘板变宽处理时,翼缘板变化区段应进行等厚设计,不宜再使用带肋形式。对于单跨桥面宽度变化范围在 10~13m,应采用单箱室变化处理,如图 2-11 所示,在预制过程中各节段顶板预制为梯形,节段之间翼缘连续变化。桥面宽度在 13~14m 可参考图 2-11 所示的断面形式,可采用单箱双室变翼缘的构造方式。但在设计时需要考虑全线可用的数量,如果数量过少,模板周转使用效率过小,可采用预制桥面板钢板组合梁桥进行替代,利用节段梁架桥机进行架设。

宽度超过 28m 时可采用多箱室构造进行变宽处理(图 2-12)。在宽度变化范围较小时应利用边梁外侧翼缘变宽进行处理,这种方式既能保证较高的标准程度,又能确保各主梁之间的轴线平行,有利于横向预应力的布置和连接。宽度变化再大时需要多个箱室进行调整,对于 3 箱室结构可按照所有箱室的翼缘板均进行变宽处理,但需要在预制中控制边箱横向预应力管道的布置方向,使之与中箱轴线相垂直。对于宽度再大的 4 箱室结构应优先选择两侧边梁变宽,降低横向预应力拼接难度,在双边箱变宽无法满足要求时再选多箱变宽。在无法通过合理规划实现节段变宽的标准化预制时,可采用湿接缝变化进行适应,但需简化湿接缝连接的构造和工艺。

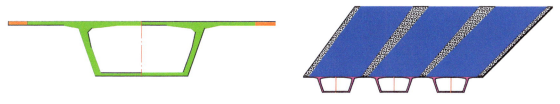

图 2-11　单箱室截面变宽处理方式　　　　图 2-12　多箱室截面变宽处理方式

对于多箱室变宽结构,无论采用何种方式进行变宽预制,在箱梁架设时不可避免存在纵向湿接缝需要现场浇筑。为了降低湿接缝现场施工难度、提高现场施工效率,应采用无焊接的钢筋连接方式。可采用环形非搭接式钢筋构造形式,在节段预制过程中预留好环形接头,且相邻节段的横向主筋进行交替布置,节段拼装完成后湿接缝内的横向钢筋自动就位,只需在环形内部穿入一定数量的纵筋即可。这种连接方式具有施工快速简单、现场操作方便的特点。

2.3　箱梁节段的标准化设计

2.3.1　标准节段

在标准截面确定后标准段的设计主要由节段划分设计控制。标准化设计在节段划分时需要尽可能减小节段的种类,同时需要考虑预制、运输和架设的可操作性。综合目前常规运输车辆的尺寸,节段的划分可以2.8~3.5m作为基准长度,同时考虑墩顶节段的长度和跨径总长进行综合确定。

以芜湖长江公路二桥引桥为例,全线共有 30m、40m 和 55m 三种跨径形式,节段划分可参照图 2-13a)进行。以 3m 为标准段长度,通过墩顶节段的长度调整实现了标准化的节段设计。其中,边墩墩顶位置不设置湿接缝,中墩顶两侧设置湿接缝,湿接缝宽度为 0.1m。通过这样的总体布置,消除了由于设置伸缩缝导致边中跨长度不一致引起预制节段不同的问题,可使得边、中墩的墩顶块设计统一。

图 2-13a)所示的节段划分方式对于下行式桥机更加适用,因为下行式桥机边墩墩顶块调整就位后的其他施工环节不会对墩顶块带来扰动,边跨节段可以从边墩墩顶依次向中墩墩顶拼装,在到达中墩墩顶时通过中墩墩顶块旁的湿接缝调整线形误差。但对于上行式桥机,采用这样的布置会带来新的难题,在墩顶块精确定位并临时锁定后,架桥机的过孔行走会对边墩墩顶块的空间位置带来新的扰动,尤其是平面位置的偏差;且架桥机走行就位后由于架桥机支腿支撑在墩顶块上,无法对这种误差进行调整。如果边墩墩顶块旁仍不设置湿接缝消除线形误差,则顺接拼装时误差会呈线性放大,导致拼装线形难以控制,甚至影响接缝质量。综合线形控制成本和施工效率,在采用上行式桥机架设时图 2-13b)所示的节段划分方式更为合理,在加强段与第一个标准段之间设置一道湿接缝,加强块段可与边墩墩顶块进行顺拼,利用设置的

湿接缝消除墩顶段及加强块段的误差,同时也能有效提高拼接效率。设置湿接缝的长度可利用加强块段进行补偿,采用专用生产台座进行加强块段预制。

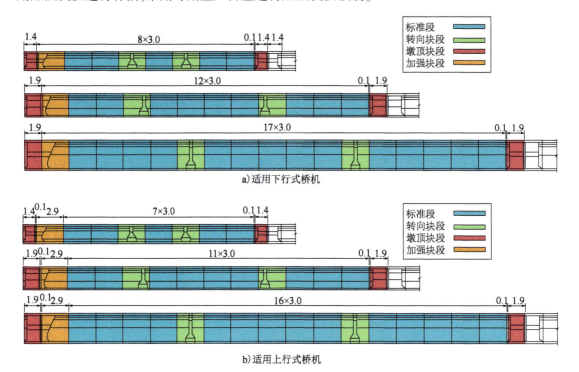

图 2-13 边跨节段划分示意图(尺寸单位:m)

中跨的节段划分可采用如图 2-14 所示的方式进行。

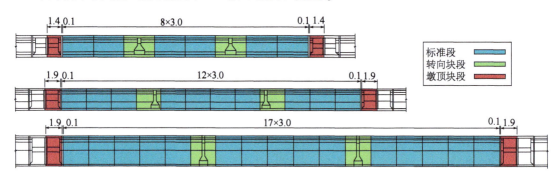

图 2-14 中跨节段划分示意图(尺寸单位:m)

通过以上划分方式形成的预制节段包括标准节段、转向块段、锚固节段、加强节段四种形式。转向块段是在标准段的基础上增加了转向块组成,设置在桥跨1/3附近,用于实现体外束的转向。锚固节段用于锚固体外预应力束,设置在墩顶位置。加强块段为边墩锚固节段的加强结构。

标准节段的梁端均设置剪力键,剪力键采用密齿型构造。其中,顶板和底板剪力键布置在顶、底板中央位置,腹板与顶板交界的实心区段设置一大尺寸正方形剪力键(图2-15)。由于腹板是传递剪力的主要部位,因此在腹板位置密集连续设置剪力键。腹板位置的剪力键在腹板内侧布置,外侧保留 5cm 宽度,既方便节段匹配定位,又能保证拼接后腹板整齐美观。近年来也有学者认为对于顶、底板剪力键构造,应该在其上缘位置设置出胶口,但现场实践表明,在有效的临时预应力张拉效应下顶、底板的剪力槽内的胶能够均匀挤出。设置了出胶口不利于标准化预制生产,且容易在阴键一侧出现剪力槽的边角破损等缺陷,因此本书认为顶底板剪力键可不设置出胶口,通过对键身合理角度加以控制,完全可以满足出胶的要求。

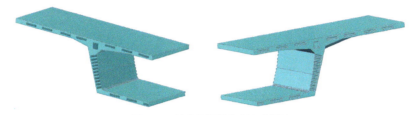

图 2-15 标准段端部剪力键示意图

2.3.2 转向块节段

转向块节段是实现体外预应力钢束转向功能的节段,一般由标准节段内设置的转向块组成。体外预应力常用的转向块有肋式转向块、块式转向块和隔板式转向块三种类型,每种类型的基本构造如图 2-16 所示。块式转向块主要通过转向块自身的受拉传力传递钢束转向力,常用于单根体外束或多根少股束体外束的转向,其承载能力相对较小。块式转向块也可用在钢束平直段,以限制极限过程中体外束与梁体之间的相对变位。肋式转向块主要通过肋板承压的方式将体外束的转向力传递至顶板及腹板,转向块内承受的拉应力很小。这种转向块承载能力高,具有较好的抗裂性,可满足大直径体外束及多束预应力集中转向需求,是目前最常用的转向结构形式。隔板式转向块的受力特性介于块式转向和肋式转向之间,通过隔板底板的受拉和侧边的受剪、受压将转向力传递至箱梁的顶、底、腹板中,承载能力和抗裂性也处于块式和肋式之间,可适用于直径略大的多束体外束转向。

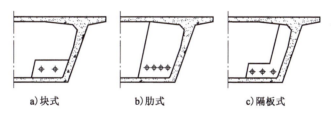

图 2-16 常见转向块构造示意图

就施工便利性而言,块式转向块自身的浇筑较为简单,但由于每个转向块可转向的钢束数量较少,会增加转向块段的数量,工业化程度不高。隔板式转向块的构造略复杂,钢筋绑扎和模板施工相对繁琐。肋式转向块的构造较为简洁,模板形式简单,适应于体外束的简单布置,预制工艺简单,便于结构设计和施工。转向块可与箱梁一次浇筑,也可在箱梁预制后进行二次浇筑。

对于工业化建造的全体外预应力节段梁,其体外预应力束的面积较大,且需要采用简洁的布束形式,所有钢束在同一位置转向,对转向块的承载能力要求很高。因此,全体外预应力节段梁转向结构宜采用肋式转向块。但肋式转向块的自重相对较大,需要通过合理的构造设计,实现既提高其标准化的程度,又降低转向块自重的目的,以更好适用于工业化建造的要求。

对于肋式转向块体外束转向产生的径向力沿圆弧曲线分布,大部分转向力由上侧肋板传递至顶板,小部分转向力沿下侧块体传递至底板中,故肋板上侧受压,下侧受拉。转向角度的要求,肋板的底部宽度不宜小于钢束转向弧长的全范围,以确保转向力的顺畅传递。如采用等截面布置,则肋板的总重量过大,不利于轻型化,因此肋板应采用变厚设计。

全体外预应力混凝土节段拼装梁桥转向块段的标准化设计可采用图2-17所示的基本构型。锚固块下部区域为等高变截面区段用于锚固转向器,底部肋厚1m、高度为0.4m,锚固区以上0.4m高度范围厚度由1m变化至0.35m。上部为等厚变高区段用于传递转向块的竖向荷载,等厚区段厚度为0.35m,下部的等高变厚区段高度为1m,变高区段的高度根据梁高确定,以实现不同梁高转向块标准化设计。

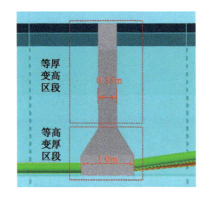 

图2-17　肋式转向块构造示意图

转向节段设计时可先根据纵向总体受力的要求,确定转向节段的合理位置,一般可设置在1/3跨附近。再以计算结果为依据细化转向块在节段内的纵向位置,同时需考虑预制工艺要求,转向块边缘沿纵向距离节段端部不宜小于0.5m。最后按照图2-17所示的基本构型确定转向块的具体尺寸。

2.3.3　墩顶节段

墩顶节段设置在桥墩墩顶位置,其将上部荷载通过支座传递至下部结构,是锚固体外预应力的重要构件。墩顶段是所有节段中最为复杂的部位,混凝土方量给移运吊装带来很大限制。因此,在以往的节段梁工程中既有采用墩顶节段全现场浇筑形式,也有采用部分预制部分现浇形式。但由于墩顶块受力复杂,一般会配置大量普通钢筋、体外预应力锚垫板和转向器等预埋件,如采用现场浇筑,其质量控制难度高,施工周期长,且属于长时间高空作业,施工安全风险大。

本书在研究过程中提出了一种新的墩顶块构造,这种墩顶块既能满足结构受力要求,又能很好适用工业化建造的要求。在节段划分过程中,综合桥梁跨径和标准段长度的匹配性,将墩顶段划分为同样长度的若干个锚固节段,各锚固节段基本构造相同,只有体内、体外预应力埋件位置不同。中墩墩顶可由两个锚固基准段组成,边墩墩顶可由一个锚固基准段配合加强节段组成。这种设计方式的构造示意如图2-18所示。

中墩布置两个相同的锚固节段,预制时锚固节段之间相互匹配;安装时,节段底板、腹板以及顶板翼缘位置胶接安装,实心区段预留 20cm 空隙,由顶板预留槽口浇筑混凝土,将两个锚固段连为一体。边墩布置一个锚固节段与一个加强块段,以提高边墩锚固横梁的总体刚度,加强块段由标准节段内置加强块组成,加强块的厚度由边墩钢束锚固受力要求确定。这种分段布置既能最大程度实现标准化预制,又能降低节段的吊运重量,减少现场浇筑的施工数量。

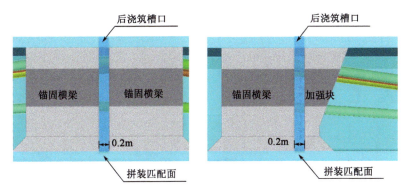

图 2-18 墩顶节段构造示意图

针对本书提出的全体外预应力箱梁的标准断面,合理的横梁构造可按照图 2-19 所示的形式进行设计。将横梁沿着箱梁中央位置分离,箱梁的预应力分别锚固在对应侧横隔板上,锚固力通过横隔板按照最短传递距离的原则传递至箱梁的顶、底腹板。横隔板中间分离区段顶板的抗裂可通过桥面横向预应力得到有效解决,且预压效应会比横梁联通状态更加有效。

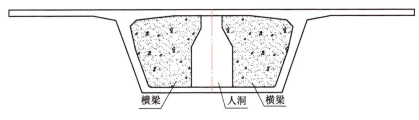

图 2-19 分离式横梁断面设计

2.4 体外束与锚固系统设计

体外预应力钢束是全体外预应力结构中的重中之重,如何能在满足结构受力要求的前提下实现最简洁的体外束布置,是全体外节段拼装混凝土梁桥工业化建造需要解决的重要问题。传统现浇预应力混凝土梁桥的钢束形状布置灵活,可根据主梁的弯矩分布情况配置吻合束,降低钢束二次效应,提高钢束的效率。但体外束由于受到转向块位置的限制,设计最优钢束配置难度较大。本节将针对工业化建造要求,在本书提出的轻型箱梁和逐跨架设两个基本要素的前提下,探讨全体外预应力节段拼装箱梁的体外束及锚固系统的标准化设计。

2.4.1 体外束的组成与基本形式

体外预应力钢束体系的基本组成包括钢束(钢绞线及护套)、锚固系统、转向装置和减振装置(图 2-20)。体外预应力钢绞线早期多采用套管式体外束,即成束光面钢绞线安装在

HDPE外护套管内,在张拉就位后对护套内进行灌浆或灌脂处理,利用HDPE外套管和套管内的砂浆或油脂提供体外束的防腐性能,泰国曼谷二期工程就采用这种形式(Takebayashi,1996)。这种形式相当于将体内束整体移植到体外,其优点是成本相对较低,缺点是钢束在转向区域相互挤压会引起次应力的存在,钢束更换施工困难,无法进行单根更换。随着单根钢绞线防腐技术的革新,具有单根防腐体系的无黏结钢绞线逐渐替代了套管式体外预应力束。组成体外预应力束的无黏结钢绞线索股在转向器和锚固区分别采取分丝转向和锚固,各钢绞线处于空间平行状态,钢绞线在转向过程中各索股间相互独立,不会产生附加应力。此外,具有单根防腐体系的无黏结钢绞线作为体外预应力时可进行单根安装、张拉和更换,更便于施工、检测与养护维修。

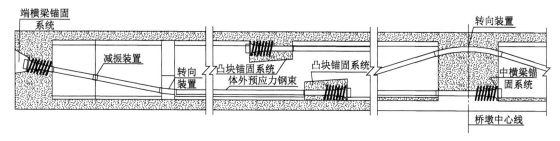

图2-20 体外预应力钢束体系的基本组成

目前使用在体外预应力钢绞线中的无黏结钢绞线主要分为镀锌钢绞线、环氧涂层钢绞线和填充型环氧涂层绞线三种,每种钢绞线的断面形式如图2-21所示。其中,环氧涂层绞线是指非填充型环氧涂层钢绞线,又称为薄环氧钢绞线,这种钢绞线根据防腐要求,有直接利用环氧涂层进行防腐,也有在环氧涂层外增加PE护套进行双重防腐。填充型环氧钢绞线一般直接使用,不另设PE护套。从生产厂家提供的产品参数和现有工程的使用情况来看,这三种无黏结钢绞线均可用作体外预应力钢绞线。无论采用何种形式的体外预应力钢绞线,在进行设计选型时应对其主要的力学性能指标提出明确要求,包括静力强度、松弛率、延伸率、锚固可靠性和抗疲劳性能。

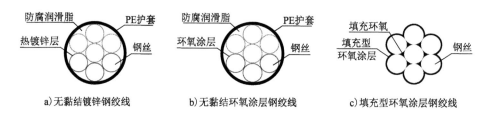

图2-21 常用无黏结钢绞线的断面形式

近年来,国内已建成预制节段拼装体外预应力混凝土桥梁几乎全部采用体内、体外混合配束的方案。对于体内、外混合配束的原则也未形成统一的认识,有人认为(单成林,2003)在设计时基本遵循体内束用来平衡恒载、体外束用来平衡活载的设计,这样的设计可以提高结构的极限承载力、增大结构延性、减少钢束用量。也有人(孙莉,2009)认为为了充分发挥节段梁的优势,应该以体外束为主,以便于施工,通过在跨中和支点等承载能力控制区域辅助配置一定数量的体内束,以提高结构的承载能力。随着建造技术的革新,对工程质量要求的提升和对结构耐久性的关注,普遍认为体内预应力束对预制节段的精度要求更高、接缝处的处理难度更大、施工更加复杂,这必将延长施工工期,无法充分发挥节段预制拼装桥梁的体系优势,从而逐步增大体外束的配置比例。

体外预应力束的束型与工程师的设计习惯相关,其形式复杂多样。但总结起来主要包括以下几种形式:图 2-22a)所示为直线型,这种钢束一般不布置在全跨范围内,通常作为辅助钢束,布置在跨中或支点位置的受拉一侧,提高弯矩最大区域的承载能力及抗裂性能;图 2-22b)所示为多段直线型,这种布置方式产生的预应力矩也为不连续状态,不宜作为主要的预应力钢束,且这种预应力钢束的锚头数量多,预应力体系的造价较高;图 2-22c)所示为单折线型,图 2-22d)所示为双折线型,这两种钢束通过对钢束的转向,使其能够较好地适应主梁的弯矩分布,是体外束的主要布置形式。

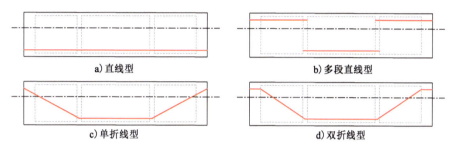

图 2-22 体外预应力钢束束型

单折线型、双折线型体外预应力钢束的区别在于锚固段构造不同,单折线型体外预应力钢束锚固方式为"直穿"式锚固,即体外束在锚固处直线穿过锚固横梁,锚固于横梁锚固面。这种布置的优点是体外束线形较简洁,可节省梁端的转向装置;缺点是由于钢束的弯起角度略小导致施加的预剪力较小,同时钢束张拉锚固方向向上,由此引起施工难度增加,且在锚头位置横梁构造不标准,预制施工困难。此外,这种线形布置,在主梁出现较大位移时,斜向区段钢束的角度会发生较明显的变化,使得在锚头后方钢绞线相对夹片存在一定的偏转角和弯曲疲劳损伤,因此对锚固系统的抗疲劳性能有一定要求。

双折线型体外预应力钢束采用的锚固方式为"转弯"式锚固,即在锚固前先进行一次转向,将钢束的锚固角度转至理想的锚固角度,以简化施工工艺。这种线形既能优化施工工艺,也能增加体外预应力的弯起角度,使其能够提供更大的预剪力(图 2-23)。与单折线型体外束布置相比,由于双折线的钢束在锚头附近的横梁上设置了转向块,因此在主梁发生变形时,锚头与横梁转向块之间的角度保持不变,有效限制了锚固区体外束钢绞线与夹片之间的微动弯曲效应,避免锚固系统发生微弯疲劳破坏。

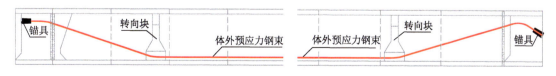

图 2-23 双折线型锚固段构造

综上,无论是从结构受力的角度,还是从施工便利性的角度,对于全体外预应力混凝土节段拼装梁桥应优先选用双折线布置形式,应进行锚头水平布置,以提高横梁预制过程中的标准化程度。

对于节段拼装多跨连续梁结构,体外束在双折线模式的基础上,有简支布束和连续布束的不同。简支布束是指钢束布置在一跨范围内,这种布束形式能够与逐跨拼装的架设方式相适应,标准化程度高,且在极限过程中体外束的极限应变增量较大,缺点是锚具的数量相对较多。连续布束是指钢束连续布置在两跨或多跨范围内,这种布束形式的优点是锚具数量较少,在通过墩顶横梁时占据的空间较小,其缺点是在极限过程中钢束会在不同桥跨之间滑移,钢束的极限应变增量较小,且这种布置方式无法完美地与逐跨拼装架设方式相结合,不利于工业化建造。此外,这种布束在过墩顶块时如果转向器为不连续布置,如图 2-24a) 所示,在横梁中间的套筒区段体外预应力钢绞线的穿束难度很高,很难确保钢束能够准确地安装到对应的转向器分丝管内。如果采用图 2-24b) 所示的连续型转向器,则转向器的长度过大,会给定位安装带来很大的困难,且不利于墩顶块的分段预制工作。因此,选用双折线简支布束是较好满足节段拼装混凝土梁桥工业化建造要求的体外束形式,在结构设计中应该优先选用这种钢束形式。

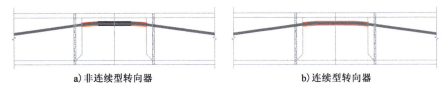

a) 非连续型转向器　　　　　　　b) 连续型转向器

图 2-24　连续布束过墩顶块示意图

对于节段预制拼装连续梁,在采用双折线简支布束时,体外预应力束可全部锚固在墩顶横隔板上,在墩顶位置进行交叉锚固。这种锚固方式如图 2-25 所示,第 n 跨钢束穿过墩顶横隔板锚固在横隔板第 $n+1$ 跨一侧,第 $n+1$ 跨钢束穿过墩顶横隔板锚固在第 n 跨一侧。交叉锚固既能有效利用墩顶横梁,将其作为主要锚固结构,减少多余锚固块的设置,也可在横隔板两侧形成两组近似自平衡的锚固力,使得横隔板以承压为主,减小横隔板的面外弯曲效应,改善横隔板的受力。这种锚固方式既解决了锚固构造对空间的要求,又提高了墩顶块的预应力度和拼接式墩顶块的整体性能。

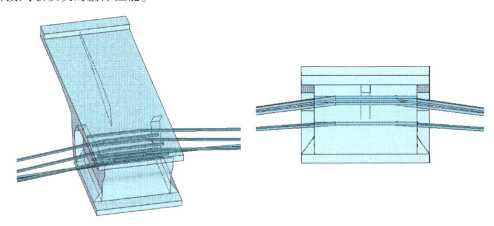

图 2-25　墩顶交叉锚固示意图

应选择合适的全体外预应力混凝土节段拼装梁桥体外预应力束型号,当钢束型号过大时,锚下应力过大,运营期结构耐久性难以保障;当钢束型号过小时,转向块和横梁锚固区布索面积增大,甚至需要采用多层布置,导致体外预应力的使用效率降低。在工业化建造的系统设计中,全体外预应力混凝土节段拼装梁桥应采用大直径体外束布置,以确保全体外预应力钢束的使用效率;采用双折线简支布束,利用墩顶交叉锚固,这样可很好地解决锚固区大直径体外束带来的应力集中问题。同样,大直径少束数的布置形式也可使得锚头的布置更加标准、规律,能够提高锚固横梁的利用效率。此外,大直径体外束的布置,减少了体外束配套设备的数量,减少了锚固、转向器、减震器等构件的埋设定位工作,能够提高构件预制的生产效率。图 2-26 为上海长江大桥墩顶钢束布置示意。

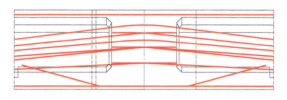

图 2-26 上海长江大桥墩顶钢束布置示意图

2.4.2 标准化束形设计

由 2.3.1 节的论述可知,对于工业化建造的全体外预应力混凝土节段拼装梁桥,体外束的设计应优先选用双折线型简支布束,在墩顶采用交叉锚固。决定体外束束型的另一个因素是转向位置的设计问题。体外预应力钢束的转向形式可分为单点转向和多点转向两种形式,如图 2-27 所示。

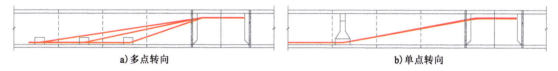

a) 多点转向　　　　　　　　　　b) 单点转向

图 2-27 块式转向结构

多点转向是指预应力钢束在跨内弯起时在多个断面进行转向,这种布置方式的特点是钢束的线形能够更靠近吻合束的形状,单个转向块的转向力较小,可采用块式转向块。但这种转向形式需要设置多个转向节段,给节段预制模板的通用性带来影响,尤其是节段内模的完整性受到影响,内模调整的工作量较大,不利于标准化预制工作的开展。

单点转向是指预应力在跨内弯起时在同一断面转向,这样的布置能够减少转向块的数量,便于标准化预制生产,但其线形较难符合吻合束的要求。在钢束线形设计时,可将钢束在墩顶位置沿锚固高度分为上、下两排,通过对下排钢束的锚固位置和直径的调整,使其更靠近吻合束的线形。

综上所述,在工业化建造的要求下,全体外预应力混凝土节段拼装梁桥的体外预应力应统一采用简洁的配束形式。标准化的钢束配置可按照图 2-28 进行,在跨内可采用单点转向,所有钢束均采用双折线型简支布束,能够很好地与逐跨拼装施工方式相配合,避免架桥机卸载后设置施工过程中的临时预应力,有效提高了施工效率,同时也能保障钢束在极限状态下的应力增量。钢束分为上、下两排,上排钢束为 6 束,下排钢束为 2 束,通过上下排钢束的合理分配,既可满足跨中的受力要求,也可满足支点断面的受力要求。

在以上标准化配束原则下,本书给出了 30m、40m、50m 和 55m 四种结构的体外束配置方式。

在采用 2.2.2.3 小节所述的双线六车道标准断面的情况下,对应的体外束配置可按照表 2-3 进行设计。钢束的数量按照 8 束体外束进行布置,其中,边、中跨体外束的钢绞线数量略有不同。

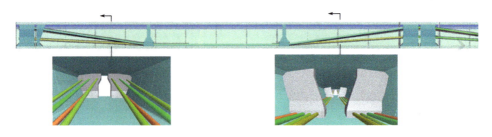

图 2-28　标准化体外预应力布置示意图

双向四车道标准断面体外束配置表　　　　　　　　　表 2-3

跨径(m)	混凝土指标(kg/m²)	体外束指标(kg/m²)	边跨配束型号	中跨配束型号
30	1132	15.6	8×25	6×26+2×28
40	1175	18.7	8×32	8×31
50	1221	21.8	6×37+2×40	8×37
55	1243	23.5	6×41+2×42	8×40

注:1. 配束型号 8×25 表示 8 根 25 股直径 15.2mm 钢绞线。
　　2. 配束型号 6×26+2×28 表示 6 根 26 股直径 15.2mm 钢绞线和 2 根 28 股直径 15.2mm 钢绞线。

其中,55m、40m 和 30m 结构的体外束标准化配置的线形如图 2-29 所示。

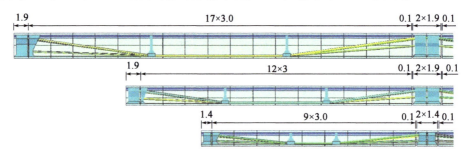

图 2-29　体外束标准化配束示意图(尺寸单位:m)

通过系统的配束优化,实现了简洁的配束方式,提高了设计的标准化程度。与国内已经实施的节段拼装桥梁相比,表 2-4 给出了针对六车道断面结构形式本书的体外预应力指标和已经建成的苏通长江大桥(简称苏通桥)和上海崇启大桥(简称崇启桥)之间的对比结果。本书 50m 跨径的配束指标较同等跨径苏通大桥的配束指标减小了 41%,既很好地满足工业化建造的需求,又提高结构的质量和耐久性。

预应力钢束配束指标比较表(单位:kg/m²)　　　　　　　　表 2-4

桥型	本书(55m 跨)	本书(50m 跨)	苏通桥(50m 跨)	崇启桥(50m 跨)
预应力钢束配束指标	23.5	21.8	37.0	37.7

合理的体外预应力束型选择,与箱梁节段构造及节段的拼装架设方式均密切相关,全体外预应力的设计应该以工业化建造的思路为指导,进行系统的规划和设计,才能实现良好的综合效益。

第3章 全体外预应力混凝土节段拼装梁桥力学性能研究

在工业建造思路的指导下,节段拼装梁桥的构造需要大力走向标准化、轻型化。无论是箱梁节段的构造,还是预应力的配束形式,都与传统箱梁结构存在较大的区别。因此这种结构所表现出的结构性能和力学特性也有其独特之处,有别于传统箱梁的力学性能。本章针对这种箱梁结构自身的特点,对其主要力学性能进行研究,以探讨这种结构内在的力学特性。

3.1 全体外预应力混凝土节段拼装梁桥剪力滞特性研究

3.1.1 轴向剪力滞的影响

目前主要针对弯曲效应的剪力滞特性开展研究,对于轴力作用下断面的不均匀性研究很少,普遍认为轴向力作用下截面处于均匀受力。对于体内预应力而言,预应力钢束主要布置在腹板内,且锚固的位置相对较为分散,单个断面钢束的锚固数量较少,可以近似地将锚固位置带来的不均匀性作为荷载的边界效应考虑,其影响相对较小。但对于全体外预应力结构而言,由于体外束集中锚固在锚固横梁上,锚固力的传递与锚固横梁的构造、体外束的位置均有关,其轴向力的不均匀性会与体内应力箱梁有一定的区别。

以芜湖长江公路二桥用的 40m 跨径的全体外预应力连续梁为例,有限单元分析结果表明,在成桥状态下支点位置截面顶底板表层纤维的纵向应力分布如图 3-1 所示。在锚固横梁中间位置的压应力最大,靠近腹板位置的应力逐渐减小,翼缘板的应力最小。用于体外束的锚固力通过横梁传递至箱梁周壁,箱室在中央位置受到横梁传递来的纵向压力先发生纵向变形,后带动腹板处及悬臂翼缘的纵向变形。这种轴力产生的滞后现象与弯曲变形的滞后效应分布特点有明显差异,且应力分布的不均匀度也与传统结构有很大差异,在桥面纵向一定范围均有出现。因此轴力作用对剪力滞的影响在全体外预应力体系中不可忽略。

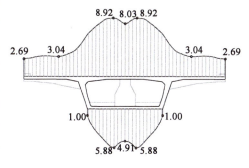

图 3-1 40m 跨连续梁支点断面成桥状态纵向应力分布(应力单位:MPa)

3.1.2 体外预应力影响的分析与比较

为了分析体外预应力箱梁、体内预应力箱梁及预应力的剪力滞分布的差异性,以 $3 \times 40m$

连续梁为例,利用有限单元法对三种结构形式的剪力滞分布特性进行了分析。其中,箱梁构造、体外束配置均与本书提出的结构形式一致,体内束采用与体外束一样的布置形式。

三种不同的预应力状态下,以各点的纵向应力与顶板(或底板)的平均应力的比值 $\lambda = \sigma_i / \overline{\sigma}$ 作为剪力滞系数的表征值,绘制出不同箱梁断面剪力滞系数的分布,如图3-2所示。

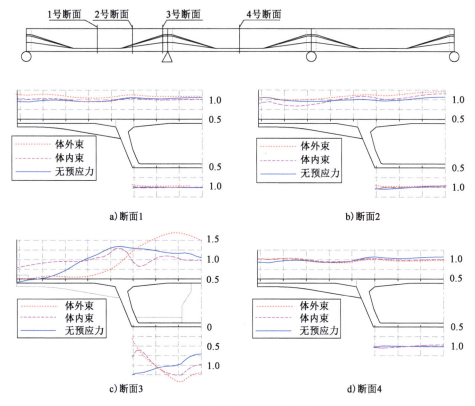

图3-2 不同预应力状态下剪力滞系数的比较

分析结果表明成桥状态下,跨中位置三种配束方式的顶底板剪力滞系数分布规律基本相同,应力分布都较为均匀,配置预应力的断面比钢筋混凝土断面更加均匀,体内束和体外束配置方式对跨中断面的影响不大。在1/4跨径断面位置,预应力断面比钢筋混凝土断面更不均匀,这是由于受到支点断面纵向应力不均衡的影响。在支点位置钢筋混凝土断面的应力分规律与传统箱梁的应力分布也略有差别,这是受到横梁对局部应力分布的影响,在支点位置预应力混凝土断面和钢筋混凝土断面的纵向应力分布明显不同,体外预应力的纵向应力分布更加不均匀,这是由于体外束轴向力分布不均匀的影响,体外束锚固在箱内横梁上,导致箱内范围顶底板的应力最大,腹板位置反而较小。这种分布特点是全体外预应力箱梁特有的剪力滞系数分布特性。

3.1.3 剪力滞的分析与比较

箱梁剪力滞的主要分析方法如3.1.1节所述,为了验证解析法和数值解法对全体外预应力结构的适应性,本节以第4章开展试验的结构为例,分别用能量变分法和有限单元法进行箱梁剪力滞系数计算分析,并将两种计算结果与足尺模型的实测结果进行比较。

1) 能量变分法解析解

在能量变分法求解过程中只考虑 ε_x 和 γ_{xy} 的应变能,以 $w(x)$ 为挠曲位移,$f(y,z)$ 为剪力翘位移函数,$U(x)$ 为广义剪力滞翘曲位移,截面上任意一点的纵向位移函数 $u(x,y,z)$ 可表达为式(3-1):

$$u(x,y,z) = -zw'(x) + f(y,z)U(x) \tag{3-1}$$

体系的总势能考虑混凝土梁体应变能 $\overline{V}_c$、体外预应力钢绞线应变能 $\overline{V}_p$ 及弯曲外荷载产生的做功 $\overline{W}$,体系的总势能可表达为式(3-2)。

$$\begin{cases} \Pi = \overline{V}_c + \overline{V}_p - \overline{W} \\ \overline{V}_c = \dfrac{1}{2}\int_V (E\varepsilon^2 + G\gamma^2)\mathrm{d}V \\ \overline{V}_p = \dfrac{1}{2}\sum_i^n (\Delta N_i \Delta l_i) \\ \overline{W} = -\int_{x_1}^{x_2} M(x)w''\mathrm{d}x \end{cases} \tag{3-2}$$

依照能量最小原理 $\delta\Pi = 0$ 进行求解,令式(3-3)两个剪力滞系数关键参数,对变分方程整理后,可以得到广义剪力滞系数翘曲位移的统一表达式(3-4),其中,$C_1 \sim C_3$ 为待定参数,可通过荷载边界条件和位移边界调节进行求解。

$$\begin{cases} n = \dfrac{1}{I_u/I_{yu} - I_{yu}/I} \\ k = \sqrt{G/E \times A_u n/I_{yu}} \end{cases} \tag{3-3}$$

$$U = -\dfrac{n}{EI}(C_1 \mathrm{sh}kx + C_2 \mathrm{sh}kx + C_3) \tag{3-4}$$

本书选用蔺鹏臻提出的剪力滞系数翘曲位移函数(蔺鹏臻,2011),结合本桥断面尺寸,通过广义截面特性可以得到剪力滞系数的关键参数 $n = 3.199, k = 0.505$。

$$\begin{cases} f_1(y,z) = -z(1 - y^3/b_1^3) & \text{顶板箱内} \\ f_2(y,z) = -z[1 - (b_1 + b_1 - y)^3/b_2^3] \times (A_2/A_1) & \text{顶板悬臂} \\ f_3(y,z) = z(1 - y^3/b_3^3) \times (Z_x A_x/Z_s A_s) & \text{底板} \\ f_4(y,z) = 0 & \text{腹板} \end{cases} \tag{3-5}$$

将自重和预应力分别进行计算,其中,预应力的弯曲效应考虑其次力矩的影响,通过边界解的参数 $C_1 \sim C_3$,再由广义胡克定律式(3-6),可以得到每个断面的不同位置的纵向应力。

$$\sigma(x,y,z) = E\varepsilon = E[-zw''(x) + f(y,z)U'(x)] \tag{3-6}$$

分别求解得到自重一次矩、自重二次矩、钢束一次矩、钢束二次矩,对四组不同的纵向应力分布函数,采用应力叠加原理,按照式(3-7)计算可得截面每个位置的剪力滞系数分布曲线。

$$\lambda(x,y,z) = \dfrac{\sum\limits_{i=1}^{4} \sigma_i(x,y,z)}{\sum\limits_{i=1}^{4} \int_{y_1}^{y_2} \sigma_i(x,y,z)\mathrm{d}y} \tag{3-7}$$

将支点断面、跨中断面和钢束转向位置顶底板的剪力滞系数的计算结果绘制成剪力滞分布曲线,如图3-3所示。在支点和跨中位置为正剪力滞效应,在转向块位置为负剪力滞效应,支点位置的剪力滞系数比跨中截面略大,转向块位置的剪力滞系数差异最大,最大剪力滞系数达到1.24。

2)有限单元法数值解

利用空间有限元软件 ANSYS 采用有限单元法进行数值计算,建立半桥实体模型,混凝土单元采用 Solid65 单元模拟,体外预应力采用 Link8 单元进行模拟。混凝土的材料特性采用 C50 混凝土的规范材料特性值,预应力为 $f_{tk} = 1860\text{MPa}$ 钢绞线的材料特性值。成桥状态下在自重、体外预应力的共同作用下,主梁沿着截面不同位置的剪力滞系数分布情况如图 3-4 所示。

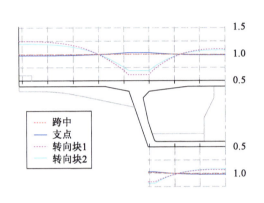 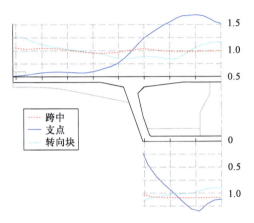

图 3-3 成桥状态关键断面剪力滞系数分布图　　图 3-4 不同断面的剪力滞系数分布图

以上数值分析结果表明,沿着纵向分布的变化非常明显,不同位置的剪力滞系数分布差异很大。

3)试验结果与比较

在本书的第 4 章中开展了足尺模型试验研究,在试验研究过程中对图 3-5a)中的三个关键断面的纵向应力分布情况进行了重点测试,测试了三个断面在成桥状态下的纵向应力分布状态。其中,跨中断面顶板采用了预埋式应变计和表面式应变片相结合的方式进行测试,其他断面以表面式应变片测试为主。

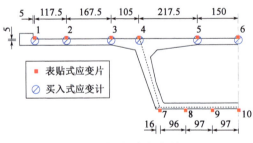 

a)关键断面测点布置示意　　　　　　　　　　b)埋入式应变计预埋

图 3-5 纵向应变测点布置示意图(尺寸单位:cm)

在试验梁安装过程中对关键断面的纵向应力分布规律进行了跟踪测试,在成桥状态下各断面的实测剪力滞系数及与能量变分法结果和数值法结果的比较如图 3-6 所示。

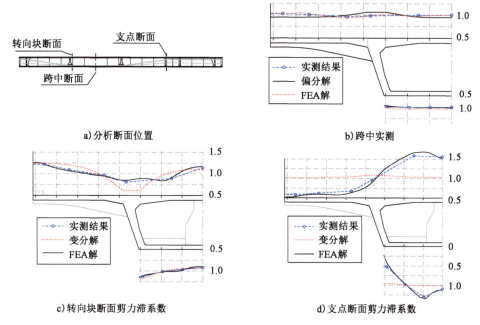

图 3-6 关键断面剪力滞系数测试结果比较

对比结果表明,对于转向块之间的跨中区段,能量变分法解析解和有限元数值解均能与现场实测结果较好吻合,两种计算精度均能满足要求。对于转向块位置两种计算结果的纵向应力分布规律与实测值一致,均为负剪力滞系数分布,两者均基本能反映实际的剪力滞系数情况,但解析解的分布更为均匀且无法考虑转向块对纵向应力分布带来的影响。对于支点附件,解析解与实测结果存在较大差别,有限元数值解能够与实测结果吻合较好,这是因为解析解未能考虑轴力对剪力滞系数的影响。

以上对比结果表明,对于全体外预应力箱梁,在转向块之间的跨中区段采用能量偏分法和有限单元法都能较好反映结构的实际剪力滞特性;在支点到转向块之间采用有限单元法能较好反映实际剪力滞特性,但能量变分法的偏差较大。

3.1.4 剪力滞引起的中性轴转移的问题

采用有效分布宽度考虑剪力滞的影响时,由于等效的原则是有效分布宽度范围内的等代法向应力总和与实际宽度范围内的实际应力总和相同,因此二者的中性轴应该保持一致。在使用等效宽度截面计算等代法向应力时中性轴的选取应按照全截面的中性轴位置选取。在我国规范《公路钢筋混凝土及预应力混凝土桥涵设计规范》(JTG D62—2004)的编制中对于 T 梁结构考虑了这一问题,并进行了规定。但对于箱型截面,认为两种截面的中性轴基本一致,对等代应力的计算影响不大,不对中性轴的选取做硬性规定。

规范的这种考虑对于传统箱梁具有较好的适用性,但基于工业化建造的全体外预应力节段梁选用了大挑臂轻型箱梁断面形式,其翼缘折减后截面的特性会发生明显变化,需要考虑中性轴变化问题。以本书提出的 6 车道标准断面为例,针对不同的跨径,按照我国现行规范规定的有效分布宽度计算有限宽度截面的中性轴与全宽截面的中性轴变化情况,见表 3-1

和表 3-2。

跨中断面按规范取值的有效宽度对等代应力的影响 表 3-1

跨径(m)	翼缘全宽(m)		翼缘有限宽度(m)		中性轴到顶缘距离(m)		影响量(%)
	顶板	底板	顶板	底板	折减前 y_1	折减后 y_2	$(y_2-y_1)/y_1$
55	16.25	5.484	14.300	5.100	1.000	1.025	2.50
40	16.25	6.120	13.081	5.288	0.779	0.810	3.98
30	16.25	6.477	11.375	5.441	0.635	0.689	8.50

支点断面按规范取值的有效宽度对等代应力的影响 表 3-2

跨径(m)	翼缘全宽(m)		翼缘有限宽度(m)		中性轴到顶缘距离(m)		影响量(%)
	顶板	底板	顶板	底板	折减前 y_1	折减后 y_2	$(y_2-y_1)/y_1$
55	16.25	5.484	9.263	4.003	1.000	1.121	12.10
40	16.25	6.120	7.703	4.174	0.779	0.908	16.56
30	16.25	6.477	6.013	3.303	0.635	0.732	15.28

分析结果表明,对于跨中断面在跨径大于40m时采用了两种中性轴,对等代应力计算带来的偏差在4%以内,当跨径再减小时偏差就会超出5%,30m跨径的偏差为8.5%,这种影响已不能忽略。对于支点断面两种中性轴对等代应力的偏差均超过12%,当跨径为30m时这种偏差达到了15.28%,此时如还采用有效分布宽度截面的中性轴,则计算的等代应力会是错误的应力结果。

以上分析表明对于全体外预应力大挑臂箱梁在采用有效分布宽度法计算截面等代应力时,应选用全宽截面的中性轴对截面的等代应力进行计算,而不应采用有效宽度截面进行计算。

3.2 带肋大悬臂箱梁横向受力特性分析

3.2.1 加劲肋关键构造研究

1)根部高度

对于带肋悬臂结构,加劲肋根部的高度是决定加劲肋对桥面板加劲效果的主要因素。如果加劲肋根部的高度不足,会导致大悬臂翼缘刚度不足,造成翼缘板根部应力过大,无法满足承载要求。如果加劲肋高度过大,会导致节段自重增加,且预制脱膜困难,不利于生产。利用ANSYS建立空间实体有限元模型,以图 3-7 所示的尺寸为基本构型,针对图 3-8 所示的 55t 标准车作用在悬臂端部的控制工况,进行参数分析,分析过程中以荷载标准值组合为考察指标。

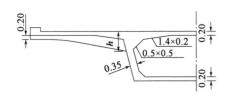

图 3-7 加劲肋参数基本构型(尺寸单位:m)

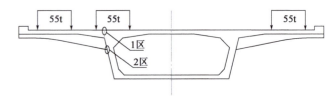

图 3-8 参数分析控制活载布置

悬臂根部截面1区上缘的横向应力随着加劲肋高度的变化关系如图3-9所示,在加劲肋根部高度由1.3m优化至0.9m的过程中,翼缘板顶部的横向拉应力会逐渐增加,翼缘板的总体刚度有所下降。当 h 由1.3m减小至1m的过程中,应力增加的速率相对较为平缓,当 h 由1m减小到0.9m的过程中应力增加的速率有较明显的变化;且肋高为0.9m时,在荷载标准值组合下的顶部出现的拉应力已经超过3MPa,对其耐久性会有一定影响。

随着加劲肋高度的变化,加劲肋根部2区域的压应力随加劲肋高度的变化关系如图3-10所示,在荷载标准值组合下加劲肋下缘的压应力会有所变化,但均在可控范围内。加劲肋根部的压应力不控制加劲肋的高度。

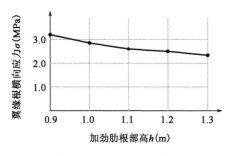 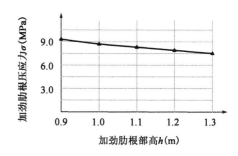

图3-9 悬臂翼缘根部横向应力随加劲肋高度的变化关系　　图3-10 加劲肋根部压应力随加劲肋高度的变化关系

以上分析结果表明,加劲肋高度不宜小于1m,以确保悬臂翼缘根部具有较好的抗裂性。当加劲肋过高时,节段预制侧模的脱膜难度很大,不利于预制生产。综合考虑受力与生产的要求,以悬臂加劲肋根部的高度不低于1m为合适。

2)加劲肋宽度

加劲肋宽度决定了加劲翼缘板的刚度,在合理加劲肋高度条件下,确定合理的加劲肋宽度。分析结果表明,在车轮作用于加劲肋正上方时,车辆荷载主要由加劲肋承担,此时结构的变形是判断加劲肋宽度是否合理的直接依据。

加劲肋宽度按照20cm、25cm、30cm、35cm四种参数进行分析,加劲肋根部高度 h 为定值1m,车辆荷载布置如图3-8所示,当加劲肋宽度小于0.3m时加劲肋翼缘部横向应力如图3-11所示,基本呈现线性变化,当加劲肋宽度大于0.2m以上时根部的压应力均能满足要求。在车辆荷载作用下悬臂端部与悬臂根部的相对位移结果如图3-12所示,在厚度小于0.3m时基本呈线性变化,当厚度大于0.2m时悬臂变形较大,以悬臂端位移不超过5mm控制可选择加劲肋宽度为0.22m。

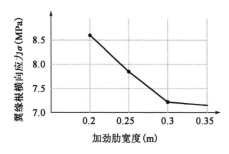 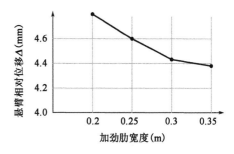

图3-11 加劲肋翼缘根横向应力随加劲肋宽度变化关系　　图3-12 加劲肋悬臂相对位移随加劲肋宽度变化关系

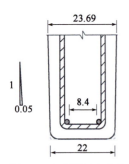

图 3-13 加劲肋最小宽度
构造示意图
(尺寸单位:cm)

从施工构造的角度考虑,加劲肋的最小宽度应该满足图 3-13 所示的构造要求,以保证混凝土浇筑过程中粗集料能够顺利进入钢筋笼内,确保混凝土浇筑的密实性,有效保障混凝土的强度。综合力学性能和施工工艺,加劲肋宽度可选择为 22cm;同时为了确保顺利脱膜,采用倒梯形布置,加劲肋侧边斜率按照 1:0.05 控制,并在加劲肋底部与侧边进行倒圆角处理,如图 3-13 所示。在制造过程中钢筋笼的构造尺寸可按照构造不变的方式进行,以利于钢筋的标准化施工。

3) 合理间距

在加劲肋自身构造确定的条件下,加劲肋间距决定了加劲肋对翼缘板的总体加劲效果,因此对加劲肋间距布置的合理性应以翼缘板的总体受力为考察指标。加劲肋间距的布置还需考虑节段划分的影响,本书提出的节段划分长度为 3m,可用考虑加劲肋间距为 3m 和 1.5m 两种形式进行比较。在受力满足要求的条件下应优先选用 3m 间距,每个预制节段布置一道加劲肋,可具有较高的标准化程度。

针对以上两种布置,按图 3-8 所示布载,车辆荷载产生的横向应力的分布规律如图 3-14 所示,加劲肋间距在 1.5m 和 3m 之间翼缘根部拉应力的影响较小,两种不同间距布置情况,对其拉应力的影响为 0.3MPa。

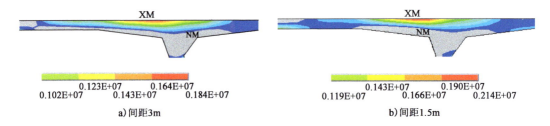

a) 间距3m b) 间距1.5m

图 3-14 两种加劲肋布置条件下的横向应力对比(应力单位:Pa)

注:图中软件生成的"E+07"代表 10^7,以下类同。

两种不同布置条件下,翼缘板端部的竖向挠度变形比较如图 3-15 所示,加劲肋间距在 1.5m 和 3m 之间翼缘刚度的影响不明显。

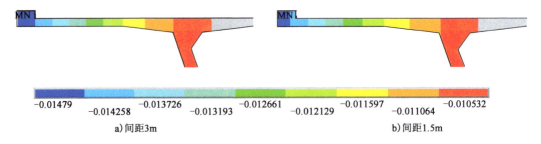

a) 间距3m b) 间距1.5m

图 3-15 翼缘端部竖向挠度变形比较(单位:m)

结构的刚度分析结果表明,各节段设置一道加劲肋即可满足要求,加劲肋设置在节段中间位置。对于墩顶段加劲肋的设置需要考虑边墩位置处的伸缩缝两侧翼缘变形对伸缩缝结构的影响。对于本书提出的节段划分,边墩墩顶的最大预制长度为 1.9m,加劲肋设置在节段中间位置时55t标准车作用于伸缩缝一侧时最大结构变形为3.1mm,箱内的相对变形为2.2mm,翼缘处的相对变形比箱室顶板大些,会导致伸缩缝在翼缘位置容易损坏。因此,对于大挑臂结构在墩顶预制节段较长时加劲肋的设置应采用偏向伸缩缝一侧的不对称布置。计算结果表明,1.9m节段加劲肋可设置在距离伸缩缝1/3节段长度处,伸缩缝两侧的变形可控制在1mm内。

3.2.2 加劲肋根部平衡构造研究

1) 加劲肋根部局部效应分析

箱梁翼缘加劲后,当荷载作用在翼缘上时,加劲肋以受弯模式为主。加劲肋根部传递至腹板的侧向力近似为线性分布,如图3-16所示。这种侧向力使得腹板的受力模式与传统箱梁腹板的受力模式有较大的差别,腹板承受抗剪与面外弯曲的耦合受力状态。这样的受力特点会导致腹板在与加劲肋相交的位置存在明显的应力集中问题,对腹板的抗裂性产生一定的影响。在这种荷载作用下腹板的纵向应力如图3-17所示,局部的应力状态比其他部位明显偏高,同样竖向应力也产生明显集中现象,这种局部效应在设计时应妥善进行解决。

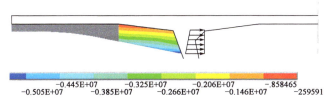
图3-16 加劲肋对腹板作用示意图(单位:Pa)

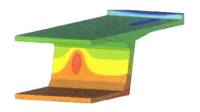
图3-17 腹板的纵向应力

2) 内加劲平衡法

带肋大悬臂翼缘构造与脊骨梁的结构形式较为接近,脊骨梁的构造中一般采用箱内隔板平衡,每道加劲肋对应的箱室内部设置一道同厚度的横隔板。在这种结构体系中可将大挑臂的加劲肋作为箱外横隔板看待,横隔板的钢筋构造也处于连续状态,由横隔板受弯抵抗荷载,隔板的轴向刚度远大于腹板面外抗弯刚度,因此在隔板弯曲变形时对腹板的应力状态无明显影响。对于节段预制拼装结构如果采用与传统脊骨梁相同的构造形式,会由于箱内隔板的设置而不利于箱内模板的安装与拆除,且增加了结构自重。

参照传统脊骨梁构造对横隔板设计进行简化,设置箱内加劲肋缓解腹板的面外弯曲。考虑预制生产过程中模板液压系统伸缩范围对拆模的限制及芯模台车走行的要求,加劲肋高度不宜超过30cm,可采用图3-18的构造设置箱内加劲肋。

针对上述构造,车辆荷载作用在翼缘时,腹板局部的主拉应力如图3-19所示,在加劲肋与腹板相交位置加劲肋底部的应力明显大于无内肋状态的应力。这是由于内外侧加劲肋在该位置高度不同,导致局部刚度突变,应力传递不平顺,带来了更加明显的应力集中现象。分析结果表明,如要设置内加劲肋,内加劲肋与外加劲肋在腹板交界处的高度应一致。按照这种设置方式,加劲肋的高度超过30cm,无法满足预制生产工艺的要求;且内肋的设置也极大地增加了钢筋笼绑扎的难度,不利于标准化生产。因此,预制节段的加劲肋设置方式无法参考传统脊骨梁的构造方式。

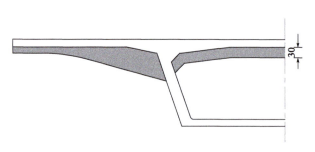
图 3-18　加劲肋对腹板作用示意图(尺寸单位:cm)

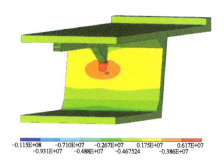
图 3-19　腹板局部的主拉应力(应力单位:Pa)

3)腹板变厚加强法

缓解箱内顶板根部应力集中的另一种思路是对腹板自身的刚度进行加强,通过增加腹板厚度来降低腹板应力。同时为了保证预制节段轻型化的要求,腹板可采用双折线构造,对加劲肋根部位置进行变厚,并将腹板与顶板的倒角进行优化,减小倒角尺寸。采用小倒角与顶部变厚腹板相配合,既然满足了箱内顶板根部的受力要求,又避免了由于腹板加厚带来节段重量增加。节段腹板变厚的构造优化如图 3-20 所示,优化取消的 1 区域面积为 $0.053m^2$,增加的 2 区区域面积为 $0.049m^2$。

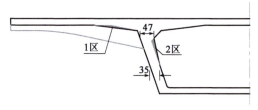
图 3-20　双折线腹板构造(尺寸单位:cm)

优化前后腹板的竖向应力分布情况如图 3-21 所示,通过采用双折线腹板构造形式提高了加劲肋根部位置腹板的刚度,缓解了加劲肋根部传递的横向荷载引起的集中现象,应力集中现象缓解了约 36%。采用双折线腹板构造,在满足腹板受力的前提下,满足了节段轻型化的要求,是一种可配合带肋大悬臂构造的腹板结构形式。

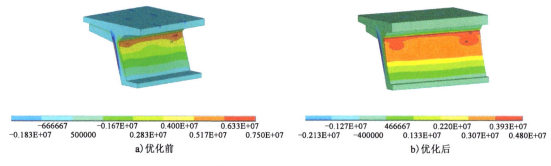

a)优化前　　　　　　　　　　　　　　b)优化后

图 3-21　优化前后腹板竖向应力图(应力单位:Pa)

3.2.3　带肋大悬臂箱梁的力学特性

3.2.3.1　带肋大悬臂箱梁桥的基本受力特性

节段梁采用现场节段拼装施工工艺,节段间用剪力键拼接,为增强节段梁大悬臂的抗弯刚度,在每一节段梁的翼缘中间下方设置加劲肋板以共同受力。采用现场节段拼装的脊骨梁与传统的脊骨梁有较大的区别:由于脊骨梁大悬臂小箱梁的固有结构特征,使得其剪力滞效应严重,平截面假定已不再适用;非常小的偏心力就会产生较大的扭转效应;而为了使这种结构受力合理,增强抗弯刚度,引入了悬挑加劲肋板,并且对顶板内施加横向预应力,这就必须重新考虑加劲肋板的受力特性。

在跨中接缝位置加载悬臂板车辆,进行理论建模分析。利用 ANSYS 建立整桥的有限元模型,在跨缝处加载实际车辆荷载,对比节段梁有肋与无肋的变形与应力状态。

首先,从图 3-22～图 3-24 中可以发现,不带加肋板的宽箱梁其变形效应明显,肋板的存在加大了悬臂的刚度,在相同荷载作用下,使得位移大幅度减小 25% 左右。

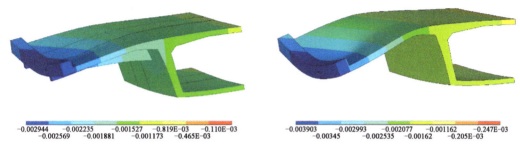

图 3-22　带肋板和不带肋板的翼缘板变形图(单位:m)

其次,对于梁段应力情况,当在顶板上施加竖向力时,除了向固结支承边横向传力外,还分别向两弹性支承边纵向传力。由受力图(图 3-23、图 3-24)可明显看出无肋结构纵向应力很大,应力扩散很不均匀,集中现象明显;而有肋结构纵向应力较小,横向应力也比无肋结构小,应力扩散较均匀。由翼缘板变形(图 3-22)也可以看出,三向板的结构大大减小了翼缘板的下挠量。由此分析得知,加肋板的节段梁拼装后受力模式完全不同于不设加劲肋板的大挑臂结构受力模式,而更趋近于两端弹性支承一端固结的三向板结构。

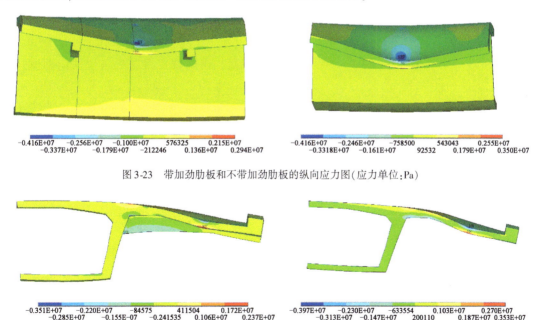

图 3-23　带加劲肋板和不带加劲肋板的纵向应力图(应力单位:Pa)

图 3-24　带加劲肋板和不带加劲肋板的横向应力图(应力单位:Pa)

带加劲肋板的宽箱梁在荷载作用下力的扩散途径与悬臂板不同,如图3-25所示。不带加肋板的宽箱梁在受翼板荷载后,纵向应力集中在以悬臂根部为中心的45°扩散角中,最大应力较高;而有加肋板的宽箱梁由于受到两肋类似弹性支承限制,根据两肋间距可知,应力扩散角度小于45°,每两块肋板之间独立成体系,接近30°扩散。

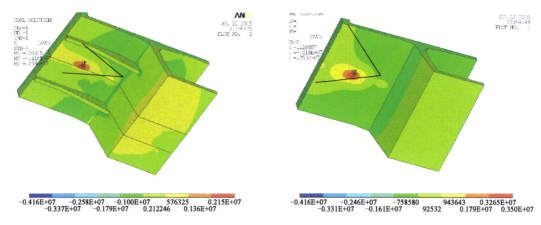

图3-25 带加劲肋板和不带加劲肋板的纵向应力扩散图(顶板下缘)(应力单位:Pa)

无加劲肋悬臂板结构受力后应力集中,而带加劲肋板结构受力后两肋间应力水平降低,将力扩散至刚度更大的腹板上,且相邻肋间受力也有扩散,此种受力模式对整体受力更有利。

由于加劲肋的存在,导致翼缘板的横桥向抗弯刚度沿着桥梁纵桥向处于交替变化状态,单向板理论不适用于这种结构,经典的桥面板计算方法无法适用本结构计算。同时由于加劲肋为变高形式,使得其横向抗弯刚度在同一断面上的不同位置的刚度也处于变化状态,所以典型的正交异形桥面板的特性也不适用于这种形式。这种结构具有其独特的传力模式,加劲桥面板相当于带弹性支撑的悬臂板。当翼缘板作用一集中力时,荷载既会沿着横桥向传递产生弯矩M_x,也会在肋间沿着纵桥向传递产生弯矩M_y。M_x会在荷载作用位置所在板条位置向两侧逐渐减小,但由于加劲处刚度远大于其他板条的刚度,故加劲肋与顶板组成的T形板条承担的弯矩最大。M_x会在荷载作用位置最大,随着板条靠近腹板,M_x逐渐减小。当荷载作用在加劲肋正上方时,荷载基本由加劲肋和邻近顶板组成的T形板条承担,其他位置的弯矩均很小。

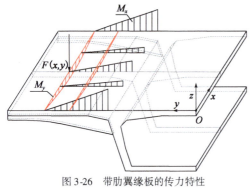

图3-26 带肋翼缘板的传力特性

带肋翼缘板的传力特性如图3-26所示。

3.2.3.2 带肋桥面板简化计算方法研究

1) 有限元计算模型建立

大悬臂混凝土脊骨梁是一种高架桥上广泛采用的结构,它将承重结构和传力结构有效结合起来,使各部件共同受力,从而提高截面效率和整体受力性能,荷载在脊骨梁纵向邻近范围内各肋板之间的具体分配形式,是此类结构设计的重要问题。

芜湖长江公路二桥带肋大悬臂桥面板结构与一般箱形截面梁上悬臂板的最大不同点:它

每隔 3m 设置了一道变高度的悬臂加劲肋。因为车轮荷载作用在一片悬臂肋板上时,与其两侧毗邻的若干片加劲肋板也将参与共同受力,即荷载的纵桥向分布,并且荷载越靠近悬臂的自由端,受载悬臂加劲肋板所分配的荷载比例越小,反之分配系数越大。因此就不能使用《公路钢筋混凝土及预应力混凝土桥涵设计规范》(JTG 3362—2018)关于悬臂板有效分布宽度的公式。

从空间上看,在桥跨范围内桥面板是由多排带肋节段梁构成的,荷载作用于桥面板的某一悬臂加劲肋板处时,在桥纵向邻近范围内的加劲肋板均参与受力。考虑到距受载梁较远的肋板可能不承担荷载,可将荷载分布计算模型简化为 3 片梁和 5 片梁模型。此外,荷载纵向和横向作用位置的变化对荷载分布也会有较大的影响。

利用有限元对简化模型进行分析,由于混凝土箱梁对于桥面板和加劲肋板来说刚度很大,而且,在使用荷载作用下的竖向变形、扭转与畸变变形都较小,故可以认为加劲肋板与混凝土行车道板的悬臂根部是固结的。在空间有限元分析模型中,肋板和混凝土行车道板均采用实体单元来模拟,加劲肋板(简称肋板)与混凝土桥面板之间为完全固结。模型结构图如图 3-27、图 3-28 所示。

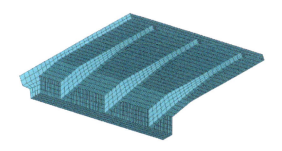
图 3-27 三肋板模型

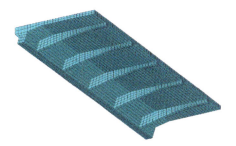
图 3-28 五肋板模型

2)荷载分布系数计算

由前文所述,带肋板的大悬臂箱梁桥,由于其相邻带肋桥面板接合处可以承受弯矩和剪力,故其悬臂肋板的荷载分布模式可以采用刚接梁法计算。

根据荷载横向分布的概念,挠度和内力在肋板纵向任一截面上有如下公式:

$$\frac{\omega_i(x)}{\omega_j(x)} = \frac{M_i(x)}{M_j(x)} = \frac{Q_i(x)}{Q_j(x)} = \frac{P_i(x)}{P_j(x)} = C(常数)$$

其中,$\omega_i(x)$、$M(x)$、$Q(x)$、$P(x)$ 分别为 i、j 号梁某截面挠度、弯矩、剪力和所分配到的力和荷载。

由上式可知,横向分布影响线竖标值可表示为:

$$\eta_\omega = \frac{\omega_j}{\sum_{i=1}^{n} \omega_i}$$

$$\eta_M = \frac{M_j}{\sum_{i=1}^{n} M_i}$$

$$\eta_Q = \frac{Q_j}{\sum_{i=1}^{n} Q_i}$$

其中,ω_j 为所分析梁的挠度;ω_i 为 i 号梁的挠度;M_j 为所分析梁的弯矩;M_i 为 i 号梁的弯矩;Q_j 为所分析梁的剪力;Q_i 为 i 号梁的剪力;n 为主梁的片数。

(1)荷载直接作用于肋板上

当荷载直接作用于肋板上时,计算三肋板模型和五肋板模型荷载分布系数,见表 3-3。

三肋板模型和五肋板模型荷载分布系数对比　　　表 3-3

距自由端距离 x(m)		0	0.75	1.55	2.33	3.04	3.77	4.32
三肋模型	受载肋	0.555	0.557	0.614	0.715	0.837	0.955	0.996
	边肋	0.222	0.222	0.193	0.143	0.081	0.023	0.002
五肋模型	受载肋	0.542	0.543	0.603	0.708	0.835	0.955	0.996
	次边肋	0.198	0.202	0.183	0.140	0.081	0.023	0.002
	边肋	0.031	0.027	0.016	0.006	0.001	0	0
受载肋板误差(%)		2.40	2.58	1.82	0.99	0.24	0	0

从上表中可以看出,三肋板模型与五肋板模型的分析计算结果最大相差 2.58%,五肋模型中的边肋板几乎不承担荷载,作用在任一块肋板上的荷载只对相邻肋板有较大影响,而对其他肋板的影响甚微,故实际计算时取三肋计算模型已经具有足够的精度。

另外,考虑了荷载作用位置变化对荷载分布系数的影响,将荷载沿肋板纵向作用在不同位置,其受载梁的荷载分布系数变化趋势如图 3-29 所示。

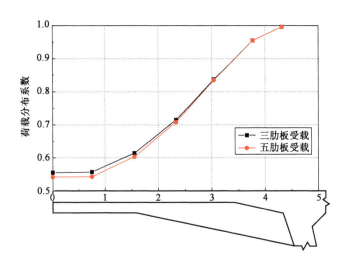

图 3-29　三肋板与五肋板的荷载分布系数沿横向对比

从图 3-29 中可看出,在肋板悬臂根部附近加载时,加载肋板分配荷载比例为 95% 以上;而在肋板自由端加载时,加载肋板分配荷载比例约为 55%。可见荷载位置越靠近根部,受载肋板所承担的荷载比例越大,而相邻肋板的承载贡献越小。

(2)荷载作用于两肋板中间位置

当荷载作用在两个肋板中间位置时,肋板分配到的荷载分布系数与作用在肋板上的不同,同上面分析一样,依据五肋板模型将荷载作用于两肋板中心位置,得到表 3-4。

五肋板模型加载位置不同荷载分布系数对比　　　　　　　表3-4

距自由端距离 x(m)		0	0.75	1.55	2.33	3.04	3.77	4.32
肋板3加载	肋板1	0.031	0.027	0.016	0.006	0.001	0.000	0.000
	肋板2	0.198	0.202	0.183	0.140	0.081	0.023	0.002
	肋板3	0.542	0.543	0.603	0.708	0.835	0.955	0.996
	肋板4	0.198	0.202	0.183	0.140	0.081	0.023	0.002
	肋板5	0.031	0.027	0.016	0.006	0.001	0.000	0.000
肋板23中间加载	肋板1	0.097	0.089	0.068	0.041	0.023	0.016	0.014
	肋板2	0.404	0.412	0.433	0.459	0.477	0.483	0.485
	肋板3	0.400	0.408	0.430	0.457	0.476	0.483	0.485
	肋板4	0.090	0.086	0.070	0.047	0.029	0.022	0.020
	肋板5	0.008	0.005	0.000	-0.004	-0.005	-0.005	-0.004

从表3-4中可以看出，加载位置的变化对于五个肋板的荷载系数分配有较大影响，最大荷载分布系数相差0.142，但相同的是五肋板模型中的最外侧肋板（即肋板5）几乎不承担荷载，验证了作用在任一块肋板上的荷载只对相邻肋板有较大影响，而对其他肋板的影响甚微，故实际计算时取四肋板模型已经可以满足精度要求。

另外，考虑了荷载作用位置变化对荷载分布系数的影响，将荷载沿肋板纵向作用在不同位置，其受载梁的荷载分布系数变化趋势如图3-30所示。

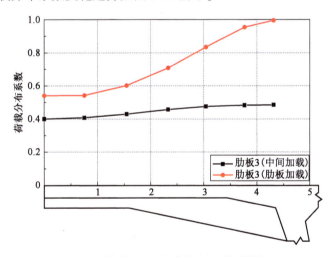

图3-30　三肋板与五肋板的荷载分布系数沿横向对比

从图3-30可以看出，加载位置沿肋板纵向的不同对于加载在两块肋板中间位置时的影响非常小，仅增加了0.085，而加载在肋板上则增加了0.45。主要原因是荷载加载在两肋板之间时，主要由相邻板共同承担，最终两块肋板都逼近0.5，即两块板的效应之和几乎承担了所有荷载。

3) 弹性支承连续梁模型

本书提出考虑肋板刚度变化和混凝土行车道板受箱梁约束程度影响的弹性支承连续梁平面简化算法来分析荷载分布，将采用这种方法得到的结果与有限元计算结果进行对比。

对于荷载在带肋桥面板的分配问题,现行的研究主要以等截面的简支梁和连续梁为主,很少涉及变截面悬臂肋板并排支承混凝土行车道板的形式。肋板的截面刚度随悬臂跨度而变化,精确的理论分析较为复杂;采用空间有限元方法分析这种悬臂肋板间的荷载分布规律需要大型有限元通用软件,操作起来繁琐,也不便于设计人员对结构进行初步设计和估算。

本书基于相关文献中提出的肋板荷载分布的平面简化算法,通过合理简化,将其转换为具有弹性支承的平面连续梁结构,可大大简化结构分析计算,便于工程实践。

肋板间荷载分配比例与荷载作用位置、肋板的截面刚度、混凝土行车道板受箱梁的约束程度和行车道板厚度等参数有关。根据空间有限元计算结果,当荷载作用于肋板上时,肋板的荷载分布计算可采用 3 梁模型;当荷载作用于肋板之间时,肋板的荷载分布计算可采用 4 梁模型,其平面弹性支承连续梁简化计算模型如图 3-31 所示。

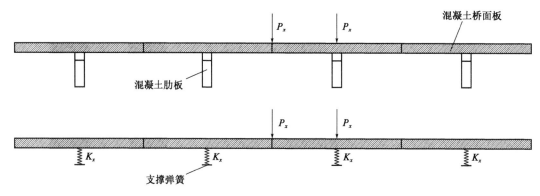

图 3-31 平面弹性支承连续梁简化计算模型

计算时将荷载作用点处混凝土行车道板简化成平面混凝土梁,梁高取为荷载作用点处混凝土行车道板的厚度 h_c,梁的截面宽度为荷载作用点处混凝土行车道板的等效分布宽度;将荷载作用点处肋板截面对行车道板的支承作用简化为混凝土梁的弹性支承,荷载通过其下弹簧的压缩变形和混凝土梁传递到相邻弹簧,这样就将空间结构简化为平面问题来计算。

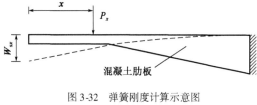

图 3-32 弹簧刚度计算示意图

4)弹簧刚度计算

由于肋板为变截面悬臂梁,沿梁纵向各截面的刚度是变化的。因此,图 3-32 中支承弹簧刚度的取值与荷载作用在肋板的位置有关,可近似用下面公式计算:

$$K_x = \frac{P_x}{W_{sx}}$$

其中,x 为荷载作用点距悬臂自由端的距离;K_x 为支承弹簧的刚度;P_x 为作用荷载的大小;W_{sx} 为荷载作用在距悬臂自由端 x 时,挑梁自由端的竖向位移,其值可以很方便地利用平面杆系有限元程序计算出,再用上式计算出的支承弹簧刚度,反映肋板不同截面的刚度变化。

5)桥面板等效宽度

如图 3-31 所示,平面弹性支承连续梁的刚度对肋板间荷载分布系数有决定性作用,当混凝土梁的高度一定时,其刚度主要是由梁的等效截面宽度,即荷载作用点处混凝土行车道板沿肋板纵向的等效分布宽度决定的。考虑到当竖向荷载逐渐向梁悬臂根部靠近时,荷载作用点

处混凝土行车道板受肋板的约束作用也会增大,因此平面弹性支承连续梁的等效截面宽度可按如下方法确定:

(1)当荷载作用于悬臂肋板自由端时,等效截面宽度按我国《公路钢筋混凝土及预应力混凝土桥涵设计规范》(JTG 3362—2018)的方法来计算,即认为平面梁的等效截面宽度为从荷载作用点开始在平面上按45°扩散相邻肋板后的宽度,即为肋板间距 b_0。

(2)当荷载作用于肋板其他位置时,平面梁的等效截面宽度以 b_0 为基础进行换算,换算方法如下:

$$b_i = \sqrt{\frac{W_{c0}}{W_{ci}}} b_0$$

其中,b_i 为平面梁的等效截面宽度;b_0 为挑梁间距;$\sqrt{W_{c0}/W_{ci}}$ 为考虑了钢箱梁对混凝土行车道板约束作用的平面等效截面宽度放大系数,它反映了箱梁对混凝土行车道板变形的约束程度;W_{ci}、W_{c0} 分别为忽略钢挑梁的支承作用,将挑梁间 b_0 范围内的混凝土行车道板视为纵向悬臂梁时,荷载分别作用在混凝土悬臂梁自由端和其他位置时的自由端竖向位移,如图 3-33 所示。

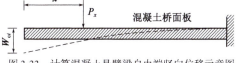

图 3-33 计算混凝土悬臂梁自由端竖向位移示意图

由弹性力学可知:

$$W_{c0} = \frac{P}{3EI} l^3$$

$$W_{ci} = \frac{P}{6EI}(l-x)^2(2l+x)$$

$$b_i = \sqrt{\frac{W_{c0}}{W_{ci}}} b_0 = \sqrt{\frac{2l^3}{(l-x)^2(2l+x)}} b_0$$

(3)当荷载作用于肋板之间时,平面梁的等效截面宽度 b_i 局限于 b_0 宽度内:

$$b_i = \sqrt{\frac{2l^3}{(l-x)^2(2l+x)}} \frac{b_0}{2}$$

6)工程实例计算

在本书背景工程的带肋悬臂箱梁桥梁中,肋板间距 $b_0 = 3\text{m}$,悬臂长 4.32m,根部梁高 0.737m,端部梁高 0.18m,计算其荷载分布系数所涉及的参数,见表 3-5。

计算加载肋板 2 荷载分布系数时所涉及的参数　　　　表 3-5

距自由端距离 x(m)		0	0.75	1.55	2.33	3.04	3.77	4.32
弹簧刚度 K_x(10^7 N/m)		0.34	0.73	2.24	4.99	12.63	67.44	$+\infty$
等效宽度 b_i		3	2.585	2.089	1.557	1.034	0.458	0
荷载分布系数	肋板2	0.4	0.447	0.559	0.64	0.725	0.848	1
	肋板1/3	0.3	0.277	0.221	0.18	0.138	0.076	0

将简化模型的计算数据与有限元计算结果进行对比,绘制图形,如图 3-34 所示。

由上图可以看出,简化模型的计算结果与有限元软件计算结果保持一致,但受载肋板荷载分布系数取值普遍低于有限元计算结果,而相邻肋板荷载分布系数取值普遍高于有限元计算结果;且其根部加载时的拟合程度较高,而自由端误差较大。可能由于有效分布宽度的取值较大,致使平面梁刚度较大,荷载的分布较平均,因而对于自由端有效分布宽度可取 0.8 的折减系数计算,以拟合实际结果。

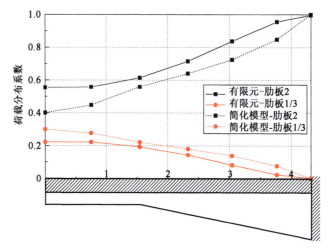

图 3-34　简化模型与有限元计算结果对比

同样的,计算四肋板模型在肋板之间加载时的荷载分布系数,见表 3-6。

四肋板模型在肋板 2、3 之间加载时的荷载分布系数　　　　表 3-6

距自由端距离 x(m)		0	0.75	1.55	2.33	3.04	3.77	4.32
弹簧刚度 K_r (10^7N/m)		0.34	0.73	2.24	4.99	12.63	67.44	$+\infty$
等效宽度 b_e		1.500	1.292	1.045	0.779	0.517	0.229	0.000
荷载分布系数	肋板 2/3	0.4	0.478	0.676	0.839	0.949	0.995	1
	肋板 1/4	0.3	0.261	0.162	0.080	0.026	0.002	0

将简化模型的计算数据与有限元计算结果对比,绘制图形如图 3-35 所示。

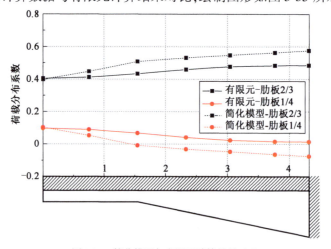

图 3-35　简化模型与有限元计算结果对比

由图中可以发现，简化模型的计算结果与有限元软件计算结果趋势保持一致，但与肋板加载情况相反，直接受载肋板荷载分布系数取值普遍高于有限元计算结果，而相邻肋板荷载分布系数取值普遍低于有限元计算结果；且其自由端加载时的拟合程度较高，而根部误差较大，也与肋板加载情况相反。可能由于有效分布宽度的取值较小，致使平面梁刚度较小，荷载的分布较不平均，因而对于自由端有效分布宽度可取 1.2 的放大系数计算，以拟合实际结果。

3.3 节段拼装箱梁抗裂性能研究

3.3.1 节段拼装梁桥总体抗裂特性研究

全体外预应力轻型薄壁箱梁桥的剪力滞特性和偏载效应均与传统体内预应力箱梁的特性有较大的区别。为了了解本书提出结构形式的抗裂性能，本节利用空间实体有限元模型，考虑车道荷载空间受力特性的影响，分析其抗裂性能。截面抗裂验算的标准按照 $\sigma_{st} - 0.85\sigma_{pc} \leqslant 0$ 执行，其中，σ_{st} 为桥梁运行过程中的准永久值效应，σ_{pc} 为体外预应力的效应。以 $\sigma_{tp} = \sigma_{st} - 0.85\sigma_{pc}$ 作为抗裂性计算的考察指标。

1）车道效应的选取

对于双向六车道断面，以 5×50m 结构为例，其车道荷载按照 2 车道、3 车道、4 车道偏载时截面产生的正应力计算，如图 3-36 所示。表 3-7 中的比较结果表明在考虑偏载和车道横向折减系数后，按 3 车道偏载计算所得关键断面的拉应力最大，故在抗裂缝分析中双向六车道断面应按照 3 车道进行加载。车道荷载纵向加载范围按影响线的最不利位置进行加载。

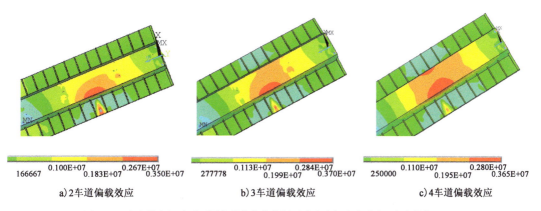

a) 2 车道偏载效应　　b) 3 车道偏载效应　　c) 4 车道偏载效应

图 3-36　考虑横向折减后不同车道数偏载作用下跨中底板应力分布（应力单位：Pa）

表 3-7　考虑横向折减的车道偏载效应（双向六车道断面）

车 道 数	车道折减系数	边跨跨中下缘（MPa）	次边支点上缘（MPa）
2 车道	1	3.5	1.9
3 车道	0.78	3.7	2.0
4 车道	0.67	3.6	1.8

同样，对于双向四车道断面，以 5×30m 结构为例，其车道荷载按照 1 车道、2 车道、3 车道

偏载时截面产生的正应力见表3-8。采用3车道的偏载效应最大,故在抗裂缝分析中也采用3车道,考虑车辆荷载效应。

考虑横向折减的车道偏载效应(双向四车道断面)　　　　表3-8

车　道　数	车道折减系数	边跨跨中下缘(MPa)	次边支点上缘(MPa)
1车道	1.2	1.90	0.80
2车道	1	3.40	1.40
3车道	0.78	3.45	1.41

2) 边跨跨中抗裂特性

以 5×40m 双向六车道结构为例,在荷载的准永久值组合下边跨跨中的底板的应力分布情况如图3-37所示。在该工况下底板下缘均处于受压状态,在跨中位置主梁下缘的储备的最小压应力为 -0.95MPa。底板下缘的纵桥向应力分布在 -0.95 ~ -2.36MPa,具有良好的抗裂储备,能够保障在荷载的准永久值组合下接缝处始终具有 -0.9MPa 以上的压应力,避免了接缝出现拉应力。

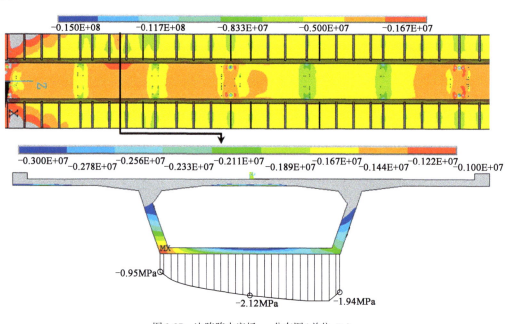

图3-37　边跨跨中底板 σ_{tp} 分布图(单位:Pa)

针对本书提出的四、六车道断面,分别对 5×55m、5×40m 和 5×30m 几种结构形式在边跨跨中断面的抗裂性进行了实体有限元分析,每种结构形式在跨中位置在荷载准永久之组合下 σ_{tp} 的压应力储备情况如图3-38所示。几种结构形式在边跨跨中位置均具有良好的抗裂性能,满足 $\sigma_{tp}<0$ 的要求,且均具有较好的储备。在采用本书相应体外束配束状态下,边跨跨中断面的抗裂指标基本具备近 -1MPa 以上的压应力储备,能够有效在正常使用过程中保障边跨跨中拼装节段能够整体受力。

3) 中跨跨中抗裂性

以 5×40m 双向六车道结构为例,在荷载的准永久值组合下中跨跨中截面底板的应力分布情况如图 3-39 所示。在该工况下中跨跨中的底板均处于受压状态,在中跨跨中位置主梁下缘储备的最小压应力为 -1.10MPa。底板下缘的纵桥向应力分布在 $-1.10 \sim -2.57\text{MPa}$ 之间,具有良好的抗裂储备,能够保障在荷载的准永久值组合下接缝处始终具有 -1.0MPa 以上的压应力。

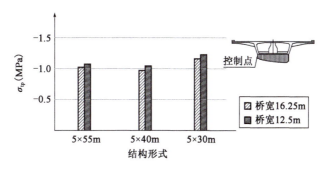

图 3-38　不同结构边跨跨中底板 σ_{tp} 压应力分布图

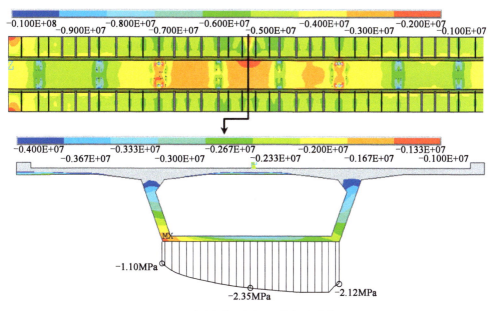

图 3-39　边跨跨中截面底板 σ_{tp} 分布图(单位:Pa)

其他几种跨径结构中跨跨中断面的抗裂性分析结果表明,各结构形式在跨中截面在荷载准永久之组合下 σ_{tp} 的压应力储备情况如图 3-40 所示。几种结构形式在中跨跨中位置均具有良好的抗裂性能,中跨跨中断面的抗裂指标都具备 -1MPa 以上的压应力储备。其中,30m 结构的压应力储备可达到 -1.3MPa 以上。

4)支点抗裂性

以 $5 \times 40\text{m}$ 双向六车道结构为例,在荷载的准永久值组合下中支点顶板的应力分布情况如图 3-41 所示。在该工况下中支点截面顶板均处于受压状态,在偏载一侧的翼缘板出现最小压应力,该位置的最小压应力为 -1.01MPa。顶板上缘的纵桥向应力分布在 $-1.01 \sim -5.10$ 之间,具有良好的抗裂储备,能够保障在荷载的准永久值组合下接缝处始终具有 -1.01MPa 以上的压应力。

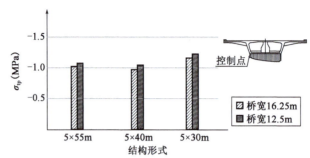

图 3-40　不同结构边跨跨中底板 σ_{tp} 应力分布图

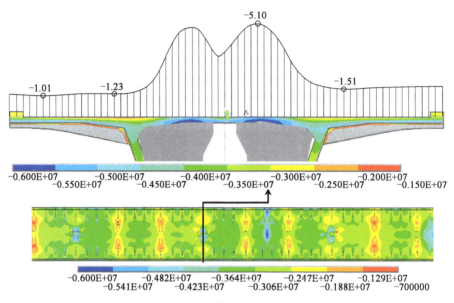

图 3-41　中支点顶板 σ_{tp} 分布图（单位：Pa）

其他几种跨径结构的中支点断面抗裂性分析结果表明，各结构形式中支点断面在荷载准永久之组合下 σ_{tp} 的压应力储备情况如图 3-42 所示。中支点位置均具有良好的抗裂性能，该断面的压应力储备均在 -0.92MPa 以上，其中 30m 结构在支点位置受到剪力滞影响明显，在腹板与加腋位置的压应力储备略小于 40m 和 55m 结构。

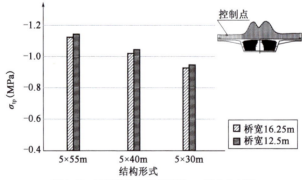

图 3-42　不同结构中支点顶板 σ_{tp} 应力分布图

5) 小结

针对本书提出的两种主要断面形式在不同跨径布置状态下结构的抗力性能开展了基于空间实体有限元分析,并给出边跨跨中、中跨跨中、次边支点及中支点抗裂控制性断面的分析结果。分析结果表明,基于工业化建造的全体外预应力轻型节段拼装桥梁在采用合理布束的状态下具有良好的抗裂性能,可保障在正常使用状态下跨中接缝位置始终具备约 −1MPa 以上的压应力储备,支点接缝始终具有 −0.6MPa 以上的压应力储备,能够确保在使用过程中拼装节段处于良好的整体受力状态。

3.3.2 锚固横梁的抗裂性能研究

本小节考虑采用非线性分析的方法模拟在施工过程中及运营过程中墩顶横梁(钢筋混凝土构件)的裂缝分布情况、发展规律,以及在不同工况下墩顶块内钢筋的应力发展情况,为墩顶横梁的锚固可靠性提供直观验证,并根据计算分析的结果对墩顶块的配筋提供优化建议。

(1) 精细化模型分析

利用非线性分析方法,精细化模拟墩顶结构。考虑混凝土开裂、材料非线性、子模型技术及局部构造分析技术进行数值建模。将精细化模型与以往的模型进行比对,从以下结果示意图可知,精细化模型的应力分布规律与以往模型分布规律相似,验证了精细化模型的可靠性与准确性(图3-43)。

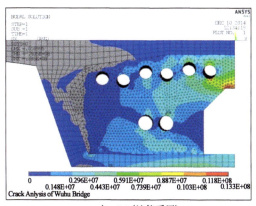

a) $\eta=0.5$(计算采用)

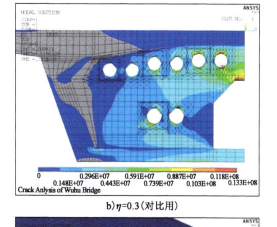

b) $\eta=0.3$(对比用)

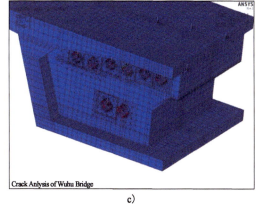

c)   d)

图 3-43

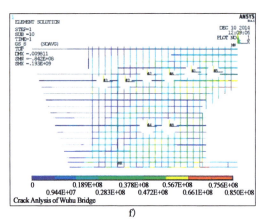

e) f)

图3-43 η参数取值计算结果对比

(2)模型分析结果

以跨径30m、4车道节段梁墩顶块裂缝分析的结果为例(图3-44)。首先利用模型模拟了施工过程中的墩顶块裂缝的发展过程,以及裂缝的分布情况。

图3-44示出了随着钢绞线张拉,在墩顶块首先出现裂缝的位置,裂缝首先出现在人孔倒角位置和横梁与底板交界位置。同时在体外索锚板附件的体外索管道出口位置也会可能出现少量裂缝。

随着预应力的继续张拉,锚固横梁的裂缝发展情况如图3-45所示。在各锚头附件均可能出现少量微裂缝。在人孔倒角位置附件也出现斜向裂缝,并逐渐与靠近人孔位置拉索锚头相连通。同时,在横梁与底板交界处出现了纵向裂缝;在腹板局部出现了纵向裂缝。

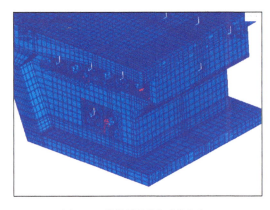
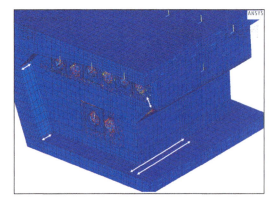

图3-44 节段梁墩顶块裂缝分布1　　　图3-45 节段梁墩顶块裂缝分布2

在单侧体外束钢绞线均张拉就位后,锚固横梁的裂缝发展见图3-46。在人孔倒角位置纵向微裂缝数量较多,容易形成主裂缝。主裂缝会随着人孔倒角向纵桥向发展。裂缝沿着纵桥向的发展情况如图3-47所示,在人孔倒角、横梁和底板交界处形成两条主要纵向裂缝,此外在表面也可能出现少量斜裂缝。

在预应力张拉就位后,考虑混凝土开裂引起的应力转移后,横梁普通钢筋的应力状态如图3-48、图3-49所示。从钢筋应力来看,横梁表面有小部分区域均处于带裂缝工作状态,人孔倒角位置的普通钢筋应力最大达到115MPa,横梁与底板位置钢筋应力最大(83MPa)。

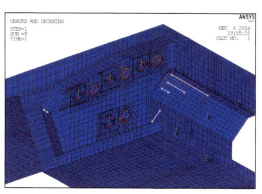

图3-46 节段梁墩顶块裂缝分布3

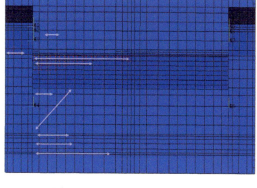

图3-47 节段梁墩顶块裂缝分布4

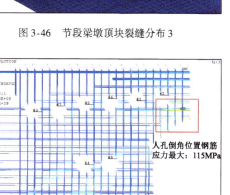

图3-48 节段梁墩顶块钢筋应力1(单位:Pa)

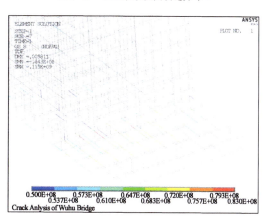

图3-49 节段梁墩顶块钢筋应力2(单位:Pa)

(3) 抗裂特性分析

分析表明,在靠近中间的4束钢束单侧张拉到100%的最不利工况下,横梁侧表面、人孔倒角、横梁与底板交界处、腹板与底板交界处、底板底面等区域均出现较多微裂缝。

在靠近中间的4束钢束单侧张拉到100%的最不利工况下,理论计算混凝土内的人孔处钢筋最大应力为115MPa,横梁与底板交界处钢筋最大应力为83MPa。

在靠近中间的4束钢束单侧张拉到100%的最不利工况下,横梁节段混凝土开裂后的纵向应力与不考虑开裂计算结果基本一致,横梁局部裂缝对结构整体纵向受力影响不大。

3.4 全体外预应力混凝土节段拼装梁桥承载能力特性研究

3.4.1 抗弯承载能力特性研究

1) 破坏形式

由前文分析可知,基于工业化建造的全体外预应力节段拼装连续梁桥的正弯矩效应远大于支点负弯矩效应,因此在弯曲极限加载中裂缝一般从跨中正弯矩区域开始,而全体外预应力节段拼装梁桥接缝位置普通钢筋为不连续,且接缝下缘处胶缝的施工质量较难控制,接缝是梁体的薄弱环节。在弯曲极限状态下裂缝一般先在接缝处出现,随着荷载的增加主裂缝会沿着竖向发展,截面中性轴上移,受压区面积逐渐减小,截面刚度减小,梁体位移增加。梁体位移增大的过程中会带动体外预应力钢绞线的应力增加,限制接缝的发展,通过体外束的拉应力和受压区混凝土的压应力在截面内形成弯曲抗力,以抵抗外荷载的弯矩。

节段梁在弯曲极限状态下的平衡状态可简化为图3-50。根据接缝所处的位置不同可能出现两种开裂方式:当接缝处于出现最大弯矩断面时,裂缝开展如图3-50a)所示,一般会在该接缝处出现一条主裂缝不断发展至截面破坏;当预制节段中心线处于弯矩最大处,两侧接缝可能出现图3-50b)所示的裂缝形态,在相邻两道接缝位置均出现主裂缝,两道主裂缝均可发展至截面破坏。

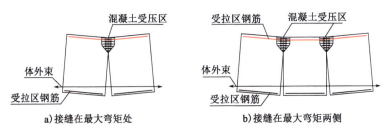

图 3-50 全体体外预应力节段梁弯曲极限状态受力模式

随着跨中断面裂缝的发展,跨中截面的刚度明显下降,结构会出现较明显的内力重分布,支点负弯矩承担的荷载比例增大。随着支点区域负弯矩的增加,在支点位置主梁上缘出现开裂现象,支点截面的刚度也会降低。由于全体外预应力节段拼装梁桥在极限过程中裂缝的开裂宽度和发展高度均比体内预应力结构的更大,因此在极限过程中结构内力重分配的问题也更加明显。

由于全体外预应力体外束与梁体变形的不协调性,在极限过程中体外束受到滑移和二次效应的影响,因此体外预应力筋的应力较难达到材料的极限强度,一般达到受压区混凝土压碎的抗弯承载能力极限状态。

2)影响因素

影响全体外预应力节段拼装梁桥抗弯承载能力极限状态的主要因素除了材料强度、高跨比等传统因素外,还与体外束的布置和体外束的配筋率密切相关,且普通钢筋配筋率对其的影响与传统箱梁有也较明显的区别。

体外预应力束的配筋率直接影响极限状态受压时截面的平衡状态。影响极限破坏状态下中性轴的位置,以及极限状态下挠曲变化状态,是影响抗弯极限承载能力最直接的因素。体外预应力线形也是影响抗弯极限承载能力的重要因素,其包括体外束的线形、锚固方式、转向块布置等,这些因素会影响极限过程中钢束的滑移情况、极限应力增量的变化,以及钢束二次效应。

全体外预应力节段梁在极限状态下,无论发生图3-50所示的哪种裂缝的发展形式,由于接缝的存在,显然受拉区混凝土内的普通钢筋基本无法发挥作用,故受拉区普通钢筋的配筋率对其抗弯极限承载能力影响很小。受压区的纵向钢筋虽然在接缝处也处于断开状态,但受压区的普通钢筋会影响预制节段内受压区混凝土的压应变,改变极限过程主梁的挠曲变形,进而影响预应力极限应力增量和二次效应。利用数值模型对试验梁的受压区普通钢筋配筋率进行分析,分析结果表明,受压区普通钢筋的配筋率在 0.3%~0.7% 之间的承载能力的变化情况如图 3-51 所示。随着受压区钢筋的配筋率的增大,梁体的极限承载能力有所提高,但影响范围有限,最大影响量不超过 1.5%。

此外胶接缝的数量和胶接缝的施工质量对抗弯极限承载能力也有一定的影响,主要是影响受压区的应变能,对挠曲变形也有一定的影响。但这种影响的量级很小,对于施工质量稳定的结构基本可以忽略不计。

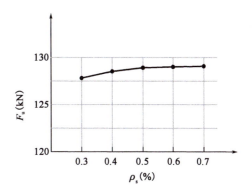

图 3-51 受压区配筋率对极限弯曲承载能力的影响

3.4.2 抗剪极限承载能力特性研究

1）破坏形式

当外荷载产生的剪力效应比弯曲效应先达到极限状态时,体外预应力节段拼装梁可能出现剪切破坏。已有试验结果表明,体外预应力节段拼装梁桥的剪切破坏模式主要是斜截面抗剪破坏。斜截面抗剪极限状态的受力可简化为图 3-52 的受力模式,斜截面的抗剪承载能力由受压区混凝土的抗剪力 V_c、穿过斜裂缝箍筋的抗剪力 V_s 和体外预应力筋的竖向分力 V_p 共同承担。一般以箍筋屈服,受压区混凝土剪压破坏而丧失承载能力。

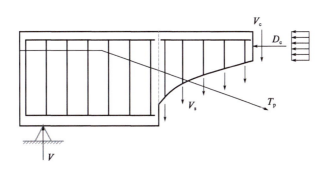

图 3-52 全体外预应力混凝土节段拼装梁斜截面抗剪极限状态受力图式

与整体式梁和体内预应力箱梁相比,由于接缝位置无通常钢筋,因此在斜裂缝形成时一般会从接缝位置开始发展,在形成斜裂缝后,剪压区的压应力与体外预应力的水平分量平衡。限制斜裂缝发展的主要因素是箍筋应力和体外预应力筋的应力,由于体外预应力筋的极限应力增量发展比体内预应力筋和普通钢筋的发展缓慢,因此在极限发展过程中斜裂缝的宽度会比常规箱梁的宽度更大,对其抗剪极限承载能力也有所影响。

2）影响因素

影响全体外预应力节段拼装梁桥抗剪承载能力主要因素包括剪跨比、配箍率、混凝土抗压强度、体外束永存应力、有效高度、极限应力增量、体外束的二次效应等。

剪跨比是影响抗剪承载能力的主要因素,混凝土主梁的承载能力会随着剪跨比的增大而减小。剪跨比不仅影响承载能力数值的大小,还会影响主梁在极限状态下的破坏形式。当剪跨比较小时斜裂缝开展后裂缝发展不充分,箍筋较难屈服,以混凝土斜压破坏丧失承载能力。当剪跨比适中时斜裂缝发展充分,与斜裂缝相交的箍筋应力逐渐增大至屈服后受压区混凝土剪压破坏而失效。当剪跨较大时,斜裂缝出现后会快速发展、箍筋迅速屈服而丧失承载能力,属于脆性破坏,在设计时需要避免发生这种破坏形式。

混凝土抗压强度对抗剪承载能力有很大的影响,混凝土梁的抗剪承载能力会随着混凝土抗压强度的增大而提高,但这种提高幅度与剪跨比有关,但破坏时受压区混凝土面积越大这种提高效应越明显,受压区混凝土面积越小这种提高效应越不明显,因此剪跨比越小这种提高效应越明显,对于剪跨比较大的结构,这种提高效应较有限。

配箍率是影响混凝土梁斜截面抗剪承载能力的最直接因素,配箍率决定了斜裂缝开展过程中穿过斜裂缝箍筋的数量,即参与抗剪的箍筋面积,因此斜截面的抗剪承载能力会随着配箍率的提高而增大。

体外束永存应力、有效高度、极限应力增量、体外束的二次效应等因素的影响都可以归结为在极限状态下体外预应力自身竖向分量对抗剪的影响和对剪压区混凝土受压面积的影响。其中,极限应力的大小直接影响了体外束的抗剪分量的大小,极限应力越大其抗剪效果越好。极限应力、有效高度和二次效应共同决定了在极限状态下形成框架平衡时剪压区混凝土面积的大小。当极限应力较大、有效高度较高时减压区混凝土面积较大,结构的斜截面抗剪承载能力也会随之提高。

第4章 全体外预应力混凝土节段拼装梁桥试验研究

目前,国内全体外预应力节段梁的工程实践缺乏,已实施的节段拼装梁桥工程均为体内、体外混合式。全体外预应力节段梁的相关研究主要以理论研究、数值模拟和缩尺模型试验的形式开展。基于工业化建造的全体外预应力节段拼装梁桥在工业化建造思路的指导下,对箱梁结构、体外束体系和生产方式均进行了革新,也引起了结构受力性能的变化。

针对基于工业化建造形成的全体外预应力节段拼装梁桥结构,以40m跨结构为原型开展了足尺模型试验。首先,综合考虑试验梁与实桥结构的相似性、试验测试内容完备性和试验方案的经济性,提出合理的试验方案;然后对试验梁施工过程中的结构响应进行了跟踪测试,并对其使用性能进行了试验测试,研究了结构在弹性状态下的工作性能及空间受力特性;最后开展了极限承载能力试验,检验了结构的极限承载能力,同时对极限过程中结构的响应进行测试,研究了这种结构的破坏机理。通过足尺模型试验的研究对结构的安全性进行了验证,也对主要的理论分析过程进行了试验验证,以确保理论研究的可靠性。

4.1 试验方案设计

4.1.1 试验目的

基于工业化建造的全体外预应力节段梁具有高度标准化和轻型化的特点,结构的构造、尺寸、体外预应力的配置形式等均与传统混凝土梁桥有很大的区别。在结构优化与性能研究中主要采用的理论研究与数值模拟,缺少实践成果支撑。因此,需要对结构的设计理论、计算模式、计算假定、施工工艺、施工流程、使用性能和极限性能进行系统验证,以保证结构的安全性和合理性。有必要通过本次试验对这种结构形式开展较为全面的研究。试验的具体目的包括以下几方面。

(1)系统检验节段梁施工工艺的可靠性。验证薄壁箱梁在预制、养护、存放、吊装过程中的施工工艺可靠性和准确性,验证节段梁组拼过程中的施工精度,验证体外预应力穿索、张拉锚固等预应力施工工艺的可靠性。

(2)校核设计模式和计算假定的合理性和准确性。验证体外预应力箱梁截面剪力滞效应的理论分析,验证对钢束预应力损失考虑的合理性,成桥的应力状态与理论研究的吻合程度。

(3)检验结构使用状态的适用性。系统测试结构在使用状态下混凝土和体外预应力构件应力状态、结构整体变位、节段间的相对变位,验证转向块、锚固区在设计构造下的使用可靠性和安全性,测试并验证混凝土截面在使用状态下的压应力储备。

(4)检验结构极限状态的安全性。测试结构极限状态下的承载能力,验证设计过程中对截面承载力的计算方法可靠性。系统监测结构在极限状态下的受力情况,分析结构破坏机理,明确破坏历程,验证结构极限状态的安全性。

4.1.2 试验总体构思

针对以上试验目的,试验设计中同时满足相似性、完备性和经济性的要求。首先,试验梁设计力求与实桥结构基本一致,结构尺寸和预应力布置一致,以确保试验梁的截面极限承载能力和实桥结构的截面极限承载能力在理论上相同;结构内力状态的一致性,以实现对实际结构中各种构件受力状态的准确测试和分析。其次,要确保试验方案的完备性,试验梁设计既要对主要施工过程进行试验,同时需要对使用性能和承载能力特性进行检验,且对连续梁结构正弯矩区域和负弯矩区域均进行试验。

在满足试验方案完备性的基础上,应当充分考虑方案的经济性。结合结构力学概念对试验梁进行优化,在满足试验方案完备性的基础上,尽量减小试验梁的总跨径,通过对试验节段进行优化,尽量完全采用设计用的截面尺寸,以利用实桥施工的模板进行试验梁的预制组拼工作,减少额外的费用。综合考虑试验梁与实桥结构的相似性、试验测试内容完备性和试验方案经济性,本次试验拟采用"一跨+1/3跨"的试验梁设计方案。主跨采用与实桥完全相同的设计方案,将主跨作为主要测试对象,1/3跨作为配跨,通过端部荷载调整,使其满足支点负弯矩性能测试的要求。

本试验的设计需要充分考虑对新结构试验的完备性,试验设计的总体思路如图4-1所示。

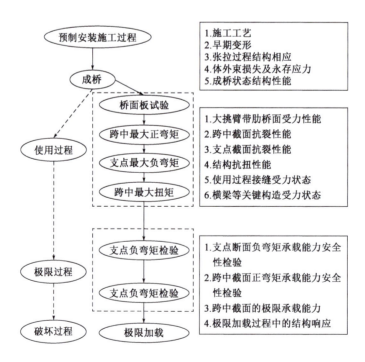

图4-1 试验设计的总体思路

4.1.3 试验模型设计

4.1.3.1 主梁与体外预应力设计

本次试验以 5×40m 为原型，采用"一跨+1/3 跨"的试验梁设计方案。如图 4-2 所示的试验梁主跨均与实桥相同，包括节段划分、混凝土截面尺寸、预应力钢束线形、转向块位置等，以实现与实际结构完全相同的结构设计，同时满足极限状态下截面理论极限抗力与实桥相同的设计目标。

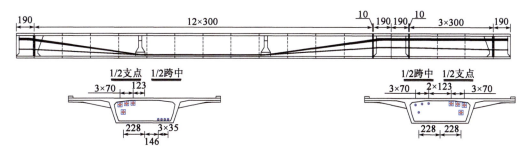

图 4-2 试验梁构造示意图(尺寸单位:cm)

主跨总长 39.9m，共 14 榀预制节段、9 榀标准节段、2 榀转向节段、2 榀墩顶节段、1 榀加强节段。1/3 跨结构长 12.9m，包括 1 榀 1.9m 长的中支点锚固节段、1 道 0.1m 长的湿接缝、2 榀 3m 长的标准节段、1 榀 3m 长的加强节段和 1 榀 1.9m 长的端支点锚固节段。主跨体外束布置与实桥相同，采用 8 束 $\phi^s 15.2$-32 体外束，配跨采用与主跨相同的体外束型号，按照直线形布置，端部预应力锚固区的尺寸和构造与实桥梁端的锚固节段一致。在设计满足内力相似的要求下，对转向器和锚固块无须提出新的要求。悬臂段的设计实现了对连续梁负弯矩区的模拟要求，确保试验梁的支点断面的内力状态可按照要求灵活调整。试验梁所用的材料均与实桥材料一致，预制节段混凝土强度等级为 C50，湿接缝混凝土强度等级为 C55，体外预应力钢绞线采用标准强度为 1860MPa、直径为 15.2mm 的无黏结镀锌钢绞线，接缝胶采用武汉建桥新材料科技有限公司生产的 JQ-H6 型环氧结构胶。

4.1.3.2 下部结构与基础设计

由于本试验要进行主梁极限承载能力测试，加载吨位极大，因此对试验梁的基础要求极高，基础的承载能力和实桥基础属于同一量级。如为本试验专门设计并建造下部结构(图 4-3)和基础，其费用高昂，经济性差。考虑本试验的主跨尺寸与实桥结构形同，因此在试验设计中充分利用实体工程下部结构，以提高试验的经济性。

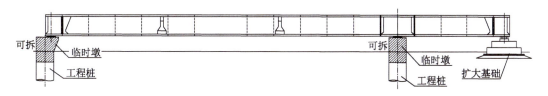

图 4-3 试验模型下部结构设计示意图

试验边支点和中支点的基础均采用实桥桩基,同时为了保障极限加载不对桩基造成破坏,在原设计的基础上对其桩长和配筋进行适当加强。在边支点位置通过桩基顶部设置异型扩大临时墩头,为边墩墩顶块提供支座安放位置;中支点直接对桩基进行接长,作为试验临时桥墩。这种改造能够满足试验的要求,且在试验完成后对临时墩柱进行拆除,进行实桥的承台施工,桩基可直接用作实体工程桩基,节约了试验下部基础的昂贵费用。悬臂端部位置的基础设计成扩大基础,为悬臂端部的荷载调整提供反力。

4.1.3.3 施工方式的模拟

为了确保试验梁与实桥结构的真实状态完全一致,对试验梁节段拼装施工工艺进行工艺测试,试验梁的施工模拟其真实施工过程,拼装工艺模拟下行式架桥机架设工艺。在试验梁腹板下方位置浇筑拼装台座,模拟下行式架桥机主桁。在台座满足强度要求后,将所有试验节段均搁置于拼装台座,待沉降稳定后再进行节段拼装。

节段空间姿态调整利用梁底摆放三向千斤顶完成,各预制节段拼接的空间姿态按照短线预制拼装工艺的控制要求确定。节段间接缝采用胶接缝,接缝胶与实体工程相同。临张预应力的布置及临张预应力的控制张拉力均与实桥一致,按照接缝断面压应力不小于 $-0.3\mathrm{MPa}$ 控制。各节段间接缝强度满足要求后进行体外预应力安装与张拉。张拉按照边、中跨分级张拉,张拉顺序为中跨20%、边跨20%、中跨60%、边跨60%、中跨100%、边跨100%,张拉控制应力为1265MPa。通过体外预应力张拉实现节段的自动脱架,确保跨中和支点断面的成桥状态与实桥结构尽可能一致。

4.1.4 试验系统设计

4.1.4.1 试验加载系统设计

本试验要进行承载能力极限加载,故对荷载吨位要求较高,如进行重力堆载,则配载堆积过高,试验安全风险较大。因此,试验选用了预埋地锚加载系统。该加载系统分别在跨中和两侧转向块设置三个加载点,每个加载点下方埋置混凝土地锚块,提供加载反力。各加载点横向布置两台联动千斤顶,每台千斤顶的分配梁通过4根直径50mm的精轧螺纹与地锚连接。千斤顶设置于桥面上,千斤顶加载过程中产生的反力最终由混凝土块的自重承担。该千斤顶在桥跨主跨内纵向设置三对,横向对称布置,试验加载系统、加载断面、加载点分别如图4-4~图4-6所示。

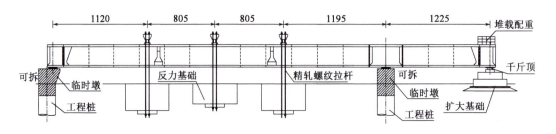

图4-4 试验加载系统示意图(尺寸单位:cm)

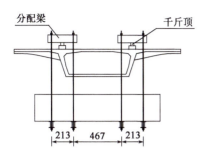 

图 4-5 加载断面示意图(尺寸单位:cm)　　　图 4-6 加载点示意图

配跨悬臂端部采用堆载配重,为了便于控制端部所施加的荷载,在梁底设置千斤顶作为实际配载的调整手段。在加载前将顶部最大压重荷载施加在梁端,由千斤顶提供等值向上荷载,实现局部自平衡。在加载过程中通过千斤顶卸载的方式施加梁端压重荷载,这种操作方式能够通过对液压系统的操控,准确、快速地将梁端配重荷载施加到位。

其中,带肋大悬臂性能测试的加载采用桥面车辆加载,利用履带吊将加载车辆吊至试验桥面,共布置 3 辆加载车,如图 4-7 所示。车辆加载位置按照理论分析确定的位置进行加载。

图 4-7 横向受力性能测试加载车

4.1.4.2 试验测试系统设计

试验测试系统的设计需要遵循测试系统可靠、稳定的原则,同时需要兼顾不同测试内容的协调性,确保在试验过程中各指标均能够快速、准确地完成试验数据的采集与记录。根据试验方案设计要求,测试系统需要同时满足位移、应变、体外束应力、体外束相对变位、裂缝、千斤顶荷载等测试要求。因此本试验测试系统设计需要同时考虑位移、应变、索力等,以保证测试设备的协调性和稳定性。

本试验采用电子位移计进行位移测试,并对关键断面利用精密水准仪进行校核测量。应变采用电子式应变片进行采集,并在关键位置利用正弦式应变进行校核测量。体外束应力利用单根绞线磁通量传感器进行测量,并采用整束磁通量传感器进行校核。微裂缝采用裂缝观测仪进行观测,裂缝持续开展后利用标尺配合图像识别进行测量。体外预应力筋与转向器之间的滑移、体外预应力筋的二次效应及接缝间相对位移均采用电子位移计进行测量,如图 4-8 所示。选用的所有测试元件的采集工作均集中在测试区域进行,如图 4-9 所示,在极限状态,试验过程中人员无须靠近试验梁体附近,可有效降低试验风险。

a) 接缝两侧相对位移测点

b) 相对滑移测点

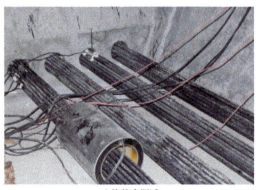
c) 体外束测试

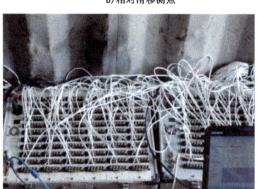
d) 应变片测试系统

图 4-8　体外束相对滑移测试系统

图 4-9　试验测试现场

4.1.5　试验加载工况优选与设计

4.1.5.1　工艺验证与成桥状态测试

全体外预应力节段预制拼装桥梁的主要施工工序包括节段预制生产、节段架设拼装和体外预应力施工等关键工序,因此在工艺验证过程中重点对这些工序的关键工艺进行验证

（图4-10）。通过对试验节段的预制生产工艺进行总结和分析，形成完善的预制生产工艺流程。同时，对预制节段在拆模和存梁期的节段变形进行测试，通过测试与分析，提出合理的拆模时间要求，以确保大悬臂薄壁箱梁的顶板存梁变形在可控范围内，避免对节段安装的平顺线性带来影响。

图4-10　节段拼装工艺验证

此外，对拼装过程中节段的拼装定位精度和胶接缝的质量与工艺进行测试与总结。测试胶接缝的施工质量控制是否能够达到设计要求，临时预应力张拉时环氧胶是否均匀挤出，缝宽是否均匀。总结形成可满足设计要求的拼接质量控制特性。同时，对预应力张拉过程进行体外束的应力变化及结构总体响应的跟踪测试，对预应力的损失及结构变形进行分析，为控制张拉应力的线形提出合理修正方案。

在施工全过程测试的基础上，系统总结施工过程中结构的响应，完成对全体外预应力节段拼装连续梁桥成桥状态的验证。对成桥状态下箱梁的剪力滞分布特性、压应力储备、体外束的永存应力及锚固横梁的抗裂性能等结构主要性能指标加以全面掌握。

4.1.5.2　使用性能测试工况设计

本桥使用过程中的主要性能指标主要包括节段拼装梁桥面板的抗裂性能和箱梁的纵向使用性能。

其中，桥面板的抗裂性能既需要考虑传统箱梁结构的横向受力的抗裂性能，同时需要考虑节段拼装结构的特性和带肋结构形式的特性。通过桥面板受力特性的理论分析可知，桥面板的横向受力主要由图4-11所示的4个点控制，因此桥面板受力工况包含表4-1的工况1～工况4。为了检验拼接缝处剪力键是否能够有效传递车轮荷载的剪力效应，故设计了工况5，以测试接缝的抗剪能力。带肋翼缘板不仅要承受横向弯矩，而且在肋间存在纵向弯矩，试验设计了工况6、工况7，对带肋结构的特性进行测试（表4-1）。

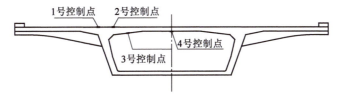

图4-11　横向抗裂性能测试控制点

桥面板使用性能试验工况   表4-1

工况编号	工况内容	测试目的
工况1	顶板跨中(1号)最大正弯矩	横向受力性能
工况2	顶板加腋(2号)最大正弯矩	
工况3	顶板支点(3号)最大负弯矩	
工况4	顶板支点(4号)最大负弯矩	
工况5	接缝最大剪力	节段拼装特性
工况6	接缝(纵向)最大正弯矩	带肋受力特性
工况7	肋顶(纵向)最大负弯矩	

节段拼装连续箱梁使用过程中需要控制结构的纵向受力工况包括跨中最大正弯矩、支点最大负弯矩和最大偏载工况。试验设计中分别对这三种控制工况进行模拟试验。

实桥 5×40m 结构在使用过程中的最大正弯矩见表4-2,通过对三点施加荷载和配跨悬臂端部的调整,使得该工况下跨内主要断面的弯矩和实桥弯矩基本相同,关键断面处试验弯矩与实桥弯矩对比见表4-2。该工况下试验荷载布置如图4-12所示。

使用性能跨中最大正弯矩试验工况弯矩对比   表4-2

截面位置	实桥弯矩(kN·m)	试验弯矩(kN·m)	试验/实桥
转向块	4651	4808	1.03
跨中	12193	12348	1.01
转向块	3558	3369	0.95
支点断面	16946	14897	—

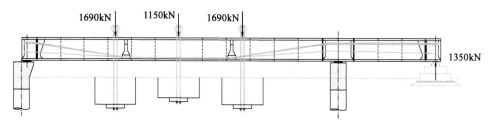

图4-12 使用性能跨中最大正弯矩试验荷载布置

通过对三点施加荷载和配跨悬臂端部的调整,对使用过程中支点最大负弯矩工况进行模拟,使得该工况下试验弯矩和实桥弯矩基本相同,弯矩对比情况见表4-3。该工况下试验荷载布置如图4-13所示。

使用性能支点最大负弯矩试验工况弯矩对比   表4-3

截面位置	实桥弯矩(kN·m)	试验弯矩(kN·m)	试验弯矩/实桥弯矩
转向块	−3690	−3714	1.01
跨中	−693	−687	0.99
钢束转向	−9538	−9465	0.99
支点	−10143	−10564	1.04

试验荷载设计按照运营过程跨中可能出现最大扭矩的100%进行控制。试验荷载布置如

图 4-14 所示,在跨内三点采用单侧加载,在配跨端部采用对称加载。

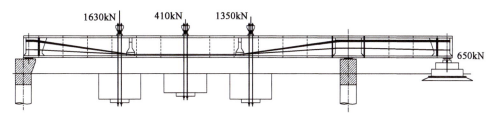

图 4-13　使用性能支点最大负弯矩试验荷载布置

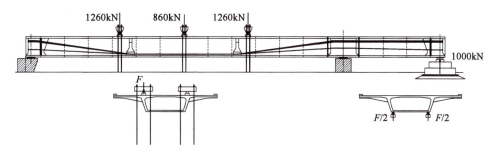

图 4-14　使用性能跨中最大扭矩试验荷载布置

4.1.5.3　承载能力极限工况设计

试验的极限加载工况需要模拟结构极限状态下的受力性能,并对结构体系的极限承载能力进行测试。一般而言,极限工况需要对结构进行破坏性加载,只能针对结构体系中某个关键截面对应的内力状态下的极限承载能力进行测试。但对于连续梁的结构既需要考虑跨中断面的承载能力,还需要考虑支点断面的承载能力。

在试验设计中,考虑到本桥采用的施工方法为逐跨拼装施工,结构的一期恒载在支点位置产生的负弯矩很小,在承载能力极限状态下支点设计负弯矩相对较小。理论分析表明,支点截面的承载能力安全储备相对较高,故在试验中可对支点负弯矩只进行验证性加载,加载到设计最大负弯矩,验证支点断面的设计安全性,而不进行破坏性加载。支点负弯矩极限工况的设计最大负弯矩按照承载能力极限组合计算,计算结果及试验加载最大负弯矩见表 4-4,该工况试验荷载的布置如图 4-15 所示。

支点设计极限承载力试验内力对比　　　　　　　　　　　　表 4-4

截面位置	支点断面	截面位置	支点断面
实桥弯矩(kN·m)	−38331	模型/实桥	1.00
试验弯矩(kN·m)	−38331		

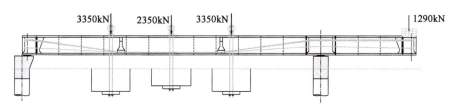

图 4-15　承载能力支点最大负弯矩试验荷载布置

试验只对结构跨中截面进行破坏性试验加载,测试结构跨中断面的极限承载能力。在跨中极限正弯矩加载过程中,先加载至承载能力极限组合下的设计最大正弯矩86941kN·m,后继续加载,直至结构破坏。在试验加载过程中,重点关注结构在极限状态下的预应力钢绞线应力增量,预应力与转向块之间的相对滑移,混凝土截面应力状态和裂缝开展形态,剪力键的工作性能,节段间的相对纵桥向、竖向位移,测试结构在极限状态下的破坏过程。

通过以上承载能力极限状态测试工况的设计,先对承载能力安全储备高的断面进行设计承载能力安全性检验,先对承载能力安全储备相对较小的控制断面极限承载能力加载,以测试结构的真实破坏过程和实际承载能力,以满足对极限承载能力的多断面试验的要求。

4.2 全体外预应力混凝土节段拼装梁桥使用性能试验

本节对足尺模型在施工过程中的结构性能进行跟踪测试,获得考虑施工全过程影响下的成桥真实状态,并对其在运营过程中结构的受力状态进行模拟测试,掌握全体外预应力节段梁在运营过程中的真实受力状态,对结构弹性状态下的基本力学性能和基本假定进行试验验证。

4.2.1 施工过程中的结构响应

为了全面掌握基于工业化建造的全体外预应力轻型箱梁桥在施工过程中的结构响应,对节段梁施工全过程进行了同步测试,主要测试工况见表4-5,从体外预应力张拉前就开始测试。

施工过程主要测试工况　　　　　　　表4-5

测试工况	工况内容	测试内容
工况1	测试初始状态	变形、应变、体外束索力
工况2	主跨钢束张拉20%	变形、应变、体外束索力
工况3	边跨钢束张拉20%	变形、应变、体外束索力
工况4	主跨钢束张拉60%	变形、应变、体外束索力
工况5	边跨钢束张拉60%	变形、应变、体外束索力
工况6	主跨索1张拉100%	变形、应变、体外束索力
工况7	主跨索2张拉100%	变形、应变、体外束索力
工况8	主跨索3张拉100%	变形、应变、体外束索力
工况9	主跨索4张拉100%	变形、应变、体外束索力
工况10	成桥状态	变形、应变、体外束索力

施工全过程主梁控制截面的竖向位移变化如图4-16所示,在工况4之前主梁基本无明显位移,这是因为在工况4之前预应力效应尚未抵消结构自重,在自重作用下节段搁置于拼装台座上。在工况4之后,随着体外束的张拉主梁持续上拱,在所有体外束张拉完成后主梁跨中位置的最大位移为5.1mm。实测最大值出现在主梁跨中位置,该工况下主梁变形的理论计算值为7.3mm,这是由于预制节段的实际弹性模量比混凝土材料的理论弹性模量更大。将计算模型的材料弹性模量由规范值的3.45×10^4MPa调整为同条件试块测试值4.27×10^4MPa后,主梁变形的理论计算值为5.9 mm。此时理论计算值与现场实测值较为吻合,这表明体外束采用

索单元模拟的计算模式能够较好地模拟全体外束预应力的真实状态。

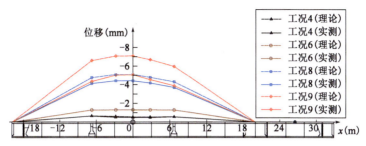

图 4-16　施工全过程主梁控制截面竖向位移实测图

跨中顶板和底板在不同张拉工况下的应力实测值如图 4-17 所示,由图可见随着张拉工况的进行,跨中顶板和底板的压应力值都是不断增加的,但是顶板的增加比较缓慢,底板应力的增加比较明显。顶板测点的平均应力由 $-1MPa$ 增加至 $-3 \sim -3.5MPa$,底板测点的平均应力由 $-1MPa$ 增加至 $-10MPa$ 左右。这主要是因为预应力张拉不仅会在截面上产生轴压力,同时会产生负弯矩效应。此外,在张拉过程中,跨中顶板测点在翼缘板位置处分布略有不均匀现象,而底板上测点的应力分布较均匀。断面上的纵桥向应力分布与按照空间实体有限元的分布规律一致,其跨中位置纵向应力分布比体内预应力混凝土梁的应力分布更加均匀。

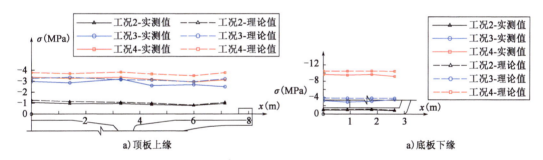

图 4-17　跨中顶板和底板断面应力测试与比较

在成桥状态下,沿腹板不同高度主梁腹板应力分布情况的测试结果如图 4-18 所示。主梁同一断面位置的纵向应力在沿不同高度方向上呈线性分布,这表明全体外预应力节段拼装箱梁桥在成桥状态下断面应力基本满足平截面假定。

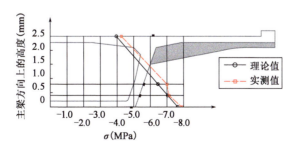

图 4-18　成桥状态下沿腹板不同高度主梁腹板应力分布

张拉过程中对体外预应力筋在不同区段的应力情况进行了测试。以靠近中间位置的 1 号钢束为例,对该钢束的三根钢绞线的应力测试结果如图 4-19 所示。测试结果表明,1 号钢束在单个转向块位置的摩阻损失在 9~11MPa,比理论计算损失 15.5MPa 小 30% 左右,这表明全体外预应力与分丝管之间的摩擦系数小于体内预应力束的摩阻系数。这主要是由于体外应力采用的无黏结钢绞线的 PE 护套与钢质分丝管之间的摩擦系数较小,且 PE 护套与镀锌钢丝之间存在防腐油脂,进一步降低了体外束与转向块之间的摩阻效应。

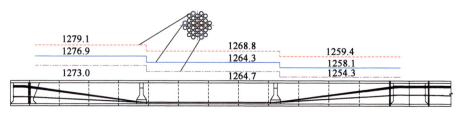

图 4-19　成桥状态下体外束的应力测试结果(单位:MPa)

施工过程及成桥状态下结构的跟踪测试结果表明,在施工过程及成桥状态下结构处于良好的弹性状态。在成桥状态下主梁具有良好的压应力储备,截面满足平截面变形假定。成桥状态下体外束的应力能够得到良好的控制,且体外束的摩阻损失较小。

4.2.2　箱梁节段及接缝的总体受力性能

4.2.2.1　支点截面使用阶段性能

支点截面使用阶段最大负弯矩模拟加载过程中,结构跨中截面位移-荷载关系曲线如图 4-20 所示。跨中截面 7-6 和截面 8-1 实测位移增量变化曲线与理论位移增量变化趋势相同。加载过程中,实测位移增量与理论计算值的误差均在 2mm 以内,实测值与理论值基本一致。在此过程中位移-荷载曲线处于良好的线性关系,结构处于良好的弹性状态。

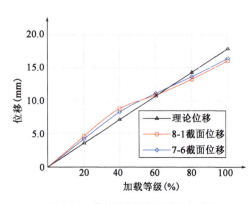

图 4-20　跨中截面位移-荷载关系曲线

正常使用极限状态最大负弯矩工况下,主梁总体变形如图 4-21 所示,加载至 100% 控制荷载时,结构实测变形与理论变形分布趋势相同,跨中实测最大变形 16.2mm,实测变形与理论计算值 17.8mm 的误差仅 1.6mm,理论计算值与实测值基本一致。

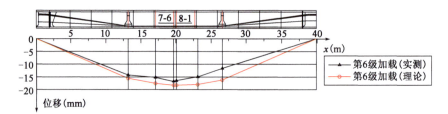

图 4-21　加载完成后主梁总体变形

正常使用极限状态支点最大负弯矩工况下,支点截面实测应力和理论应力如图 4-22 所示,实测应力与弹性有限元计算结果基本吻合,在该状态下顶、底板应力沿横向不均匀分布,其中,顶板压应力由中间向翼缘方向先增大,后逐渐减小,翼缘板部分压应力分布较均匀,底板压应力由中心向两侧逐渐增大。这与成桥状态时支点断面的应力分布有关。在支点断面负弯矩最大时,支点断面的顶板各位置均处于受压状态,满足断面的抗裂性要求。支点断面下缘出现的最大压应力为 -5.9MPa,处于较好的受力状态。

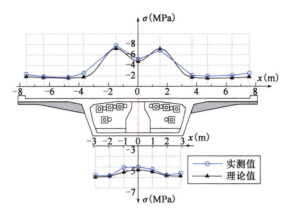

图 4-22 支点截面应力分布示意图

4.2.2.2 跨中断面抗裂性能

在正常使用极限状态跨中截面最大正弯矩状态下,结构跨中截面应力测试结果如图 4-23 所示。顶板中心压应力由 -3.32MPa 增加至 -8.92MPa,压应力增量为 -5.60MPa,与理论应力增量 -5.73MPa 基本一致,下缘中心压应力由 -8.98MPa 减小至 -1.58MPa,压应力增量为 7.40MPa,与理论应力增量 7.44MPa 基本一致,实测应力值与有限元计算理论值横向分布趋势基本相同,截面横向应力分布均匀,剪力滞效应比支点截面显著减小。其主要是由于体外预应力产生的轴力及弯矩由横梁节段向跨中方向逐渐传递,经过 3 个标准节段后,传递至全截面,故主梁跨中截面受力均匀。

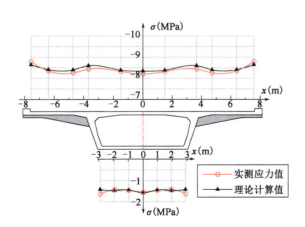

图 4-23 最大正弯矩工况跨中截面应力分布图

在加载过程中,最大正弯矩工况下跨中截面顶、底板应力-荷载关系如图 4-24 所示。由图可知,顶板、底板实测应力增量随荷载等级提高基本呈线性变化趋势,与理论应力增量变化基本一致,加载至100%试验值时,顶板实测应力增量 −5.60MPa,与理论应力增量 −5.73MPa 误差仅 0.13MPa,底板实测应力增量 7.49MPa,与理论应力增量 7.47MPa 误差仅 0.02MPa,实测应力增量历程与理论应力增量历程高度吻合,表明顶底板实际受力状态与理论计算受力状态基本一致,结构处于弹性工作状态。

4.2.2.3 扭转状态下的结构性能

最大扭矩工况下,结构会发生扭转变形,为充分掌握扭转效应对结构变形的影响,对四分点、跨中等关键截面的位移进行了测试。随着荷载的施加,结构主要发生竖向整体变形,同时截面会发生了一定程度的扭转变形,跨中截面扭转变形较其他截面更显著,加载至100%试验值时,跨中截面最大竖向位移约 19.0mm,比理论最大竖向位移 21.6mm 小 2.6mm,横向最大实测位移差为 1.21mm,与理论横向最大位移差 1.25mm 基本一致。此外,加载过程中,实测位移与理论位移均呈线形增加,如图 4-25 所示。试验结果表明,扭转荷载作用下结构主要发生整体竖向变形,横向扭转变形较小,约为整体变形的 5% 左右,结构的抗扭刚度较好。

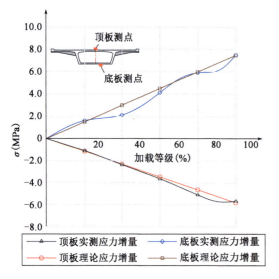

图 4-24 最大正弯矩工况下跨中截面顶底板应力-荷载曲线

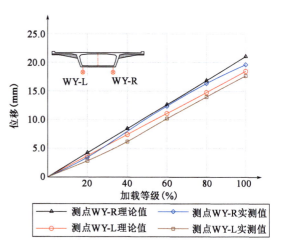

图 4-25 最大扭转工况跨中截面位移-荷载曲线

为进一步分析扭转效应对结构变形的影响,对断面的扭转角进行分析,绘制跨中截面扭转角与荷载关系曲线,如图 4-26 所示。从图中可以看出,随着加载等级的提高,实测扭转角与理论扭转角均呈线性增长,且实测值与理论值差异较小。扭转角的最大实测值为 0.02°。

最大扭矩工况下,跨中截面应力与荷载关系曲线如图 4-27 所示。加载至100%试验值时,实测应力与理论应力分布趋势基本一致,扭转荷载作用下,横向应力分布不均匀,右腹板处顶板压应力较左腹板处顶板大约 −1.0MPa,右腹板处底板压应力较左腹板处底板小约 1.5MPa,结构扭转效应引起的纵向应力差异较显著,最大扭矩工况下,结构顶底板均未出现拉应力,结构受力性能良好。

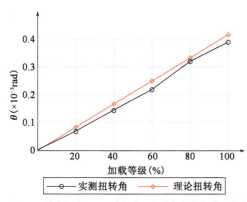

图4-26 最大扭转工况下跨中截面扭转角与荷载关系曲线

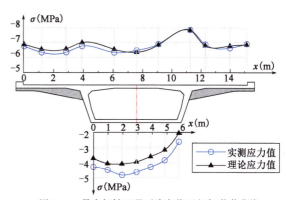

图4-27 最大扭转工况下跨中截面应力-荷载曲线

4.2.3 体外束及锚固系统性能测试与分析

4.2.3.1 体外束的响应

在使用阶段跨中截面最大正弯矩加载过程中体外预应力的应力增量测试平均值如图4-28所示。随着荷载的增加，体外束的应力有所增大，但增大的速率较为缓慢，当加载至跨中断面出现最大正弯矩时，钢束的平均应力实测增量为30.8MPa，理论平均应力增量为31.7MPa。在加载过程中实测的平均应力随荷载基本呈线性增长，这也表明在使用阶段结构处于良好的弹性工作状态。对体外束与转向块之间的相对位移测试结果表明，在荷载施加至跨中出现最大正弯矩工况时钢束在转向块处无明显滑移，中跨侧实测滑移量为0.3mm，边跨侧转向块未测到明显的相对滑移。钢束和梁体之间的二次效应测试结果表明，钢束和梁体之间的相对位移最大值为0.6mm，二次效应几乎可以忽略不计。

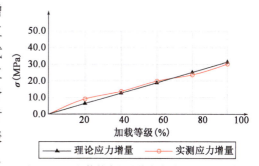

图4-28 10根体外束钢绞线应力增量测试平均值

以上体外预应力的实测结果表明，试验梁在使用阶段仍然处于很好的弹性工作状态，钢束滑移和二次效应均可以忽略不计。使用阶段体外束的应力增量很小，体外束的增量基本在40MPa以内。

4.2.3.2 锚固横梁受力状态

1) 中横梁

为了对横梁的抗裂性及总体空间应力分布特性进行研究，在试验过程中对横梁关键部分的应变变化情况进行测试，中墩横梁两侧均布置了应变测点，具体位置如图4-29所示。其中1/3跨一侧的锚头锚固的是主跨侧钢束，主跨侧锚头锚固的是1/3跨一侧的体外束。

试验实测结果表明，中跨一侧横梁表面在主跨侧钢束张拉时均处于受拉状态，在体外束导管口附件的拉应力较为显著。在主跨侧钢束张拉至100%试验值，边跨张拉至60%试验值时，H4和H5的实测拉应变分别为79με和129με，其中，在H5测点附件出现管口附件的径向裂缝。在成桥状态下H1和H2为受压状态，压应变分别为−65με和−72με，这是由于先张拉主跨侧钢束受到弯曲效应的影响,在锚头之间位置受面外弯曲效应而产生压应变。H3 和 H6 测点均处于受拉区域,其中 H3 主要受到锚头受压变形的局部效应产生,H6 的应变相对较小。各竖向测点的测试结果表明,锚固横梁的竖向均呈受拉状态,名义拉应力均在 5MPa 以内,在中横梁最大弯矩工况下各测点的实测名义拉应力见表4-6,在使用阶段其竖向拉应力无太大变化。

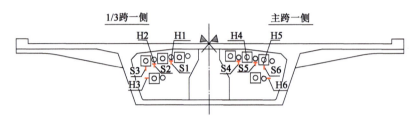

图 4-29　中墩横梁应变测点布置示意图

中横梁实测名义拉应力数据表（单位：MPa）　　　　表 4-6

加载等级(%)	S1	S2	S3	S4	S5	S6
0	3.7	4.9	3.4	3.7	4.9	3.4
20	3.4	4.7	3.1	3.4	4.7	3.1
40	3.3	4.5	3.1	3.3	4.5	3.1
60	3.3	4.4	3.0	3.3	4.4	3.0
80	3.2	4.3	3.0	3.2	4.3	3.0
100	3.1	4.2	3.0	3.1	4.2	3.0

以上试验结果表明,对于中横梁采用分离式构造是一种合理的构造形式,横梁内的横向拉应力相对较小,主要以竖向受拉模式为主。对锚固横梁在使用阶段的表观检查结果表明在导管口附近出现4道微裂缝,裂缝宽度不超过0.1mm。中横梁满足钢筋混凝土构件的抗裂性要求。

2）端横梁

端横梁测试结果表明,由于端横梁只有断面拉索锚固,横梁的受力表现出较为明显的弯曲效应。体外束张拉至60%的控制张拉力时,在锚头背面一侧导管出口附件出现了少许微裂缝。随着张拉的继续进行,裂缝宽度有所发展,但成桥时最大裂缝宽度未超过0.1mm。

在使用阶段端横梁的裂缝基本无明显变化,加载至施工阶段跨中出现最大正弯矩工况时,锚固横梁裂缝的分布情况如图4-30所示。裂缝开始在体外束导管出口位置出现,沿着导管口径向发展,向外延伸。典型裂缝分布形态如图4-31所示,使用阶段所有裂缝的宽度均未超过0.12mm,具有良好的抗裂性能。

4.2.3.3　转向块受力特性

为了研究肋式转向块的工作性能,分别对施工过程和使用阶段体外束最大应力（即跨中最大正弯矩工况）状态下的应力变化情况进行测试。在测试中重点关注了预应力孔道周边拉应力较大区域的P1～P4测点区域和转向块肋板应力分布较为均匀的P5区域,以考察肋板上部受压区压应力水平。

a) 左侧半横梁

b) 右侧半横梁

图 4-30　端横梁使用阶段裂缝总体情况

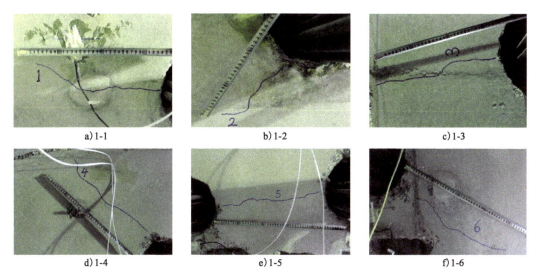

图 4-31　使用阶段端横梁典型裂缝分布形态

实测数据表明,在体外束张拉就位后转向块上部受压区的应力基本在 -5MPa 左右,在跨中荷载增大的过程中转向块上部的压应力变化较小,应力增量约 -0.5MPa。这是由于在正常使用过程中体外束的应力增量较小,故其压应力的变化也较小。转向块下部孔道出口附件受拉区域的拉应力分布在横向上有较大的区别,其中,孔道之间 P1~P3 测点之间的拉应力较为均匀,但孔道以外 1 倍孔道直径位置的 P4 测点的拉应力明显小于孔道间的拉应力。在成桥状态下孔道间受拉区的最大实测最大拉应变为 $195\mu\varepsilon$(折算名义拉应力为 6.73MPa),已经超过混凝土抗拉强度,但现场未发生明显裂缝,此时混凝土进入受拉塑性变形,或内部混凝土已经出现微裂缝。随着跨中及转向块位置的荷载增加,该区域的拉应力有所减小。这是由于在试验过程中转向块为加载点,荷载通过转向块传递至箱梁结构,所以随着荷载的增加,转向块总体表现为压应力增加的变化趋势。此外,随着荷载的增加转向块位置主梁的上拱变形减小,体外束转向力以更大的比例通过上部承压的形式传递,故转向块底部测点出现拉应力降低的现象。

加载过程中转向块实测应力见表 4-7。

加载过程中转向块实测应力（单位：MPa） 表4-7

加载等级 （%）	孔道间测点			孔道外	上肋板
	P1	P2	P3	P4	P5
0	6.73	6.34	5.17	0.59	-4.80
20	5.94	5.83	4.80	0.22	-5.02
40	6.02	5.19	4.27	-0.20	-5.25
60	5.99	5.15	4.16	-0.22	-5.29
80	5.88	4.90	4.08	-0.57	-5.36
90	5.71	4.79	3.95	-0.62	-5.38
100	5.46	4.55	3.71	-0.80	-5.41
备注					

以上的测试结果表明，转向块出现的拉应力比理论计算结果偏小，但总体分布规律基本相同，验证了有限元计算的可靠性，也表明肋式转向块具有良好的传力途径，具备很好的抗裂性能，在使用阶段微裂缝极小，甚至不出现开裂。

本节通过足尺模型对全体外预应力节段梁在使用阶段的主要结构性能进行了试验研究。试验研究结果表明，在使用阶段结构处于良好的弹性工作状态，各断面符合平截面假定。在使用过程中结构具有良好的抗裂性能，各节段之间无相对变位。在使用阶段体外预应力的应力增量较小，未超过40MPa，体外束与转向块之间基本无滑移，使用阶段的钢束与梁体相对位置变化的二次效应也可忽略不计。全体外预应力节段梁使用阶段的力学特性可按照弹性理论进行分析。

4.3 全体外预应力混凝土节段拼装连续梁桥承载能力试验

4.3.1 支点负弯矩承载能力试验

4.3.1.1 试验结果与分析

本次试验对支点负弯矩的极限承载能力只做验证性测试，验证该结构的支点负弯矩的承载能力是否满足设计要求，而不做破坏性加载。试验数据结果表明，在支点断面加载至承载能力极限状态设计最大负弯矩的过程中，各关键断面的位移随荷载基本呈线性增长，其中转向块位置、跨中位置及配跨端部位置的竖向位移变化情况如图4-32所示，变化都较均匀，且实测值与按照弹性计算所得的理论值较吻合。在达到设计最大负弯矩时，跨中最大竖向为8.0mm，配跨端部最大竖向位移为1.8mm。测试结果表明，在支点负弯矩达到设计最大值时，结构仍然处于较好的弹性状态，未进入塑性状态，其负弯矩承载能力储备足够。

在加载过程中顶板的应力随着荷载的增加压应力逐渐减小,但应力变化量较小,在达到最大负弯矩工况时支点断面的上缘的拉应力仍然未超过材料的抗拉强度,主梁预制节段及接缝未出现裂缝。纵向应变随着荷载的增加呈线性关系变化,且实测应力与按照弹性状态计算的理论应力能较好吻合。支点截面顶板应力分布如图 4-33 所示。加载至最大正弯矩过程中支点断面顶板上缘的应力测试结果如图 4-34 所示,均未达到混凝土的抗拉设计强度,未出现裂缝。

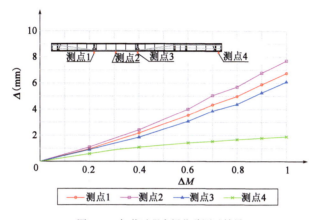

图 4-32　加载过程主梁位移测试结果

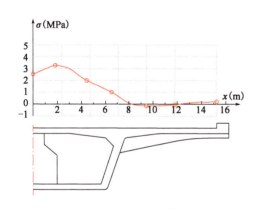

图 4-33　支点截面顶板应力分布

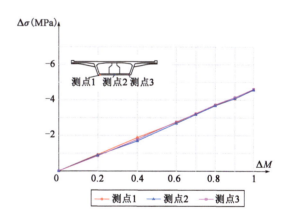

图 4-34　加载至最大正弯矩过程中支点断面顶板上缘应力测试结果

随着荷载的增加,底板测点的纵向压应力逐渐增大,荷载-应力曲线呈线性变化。在支点最大负弯矩工况下底板的压应力比成桥状态增加了 -4.6 MPa,底板的最大压应力为 -9.58 MPa。在负弯矩加载过程中底板的应变增量在横向上分布略有不均,两侧腹板位置的应力增量比中央位置略大。结构处于良好的弹性工作状态。

试验结果表明,对于芜湖长江公路二桥采用的全体外预应力结构(采用了本书的 5×40 m 标准结构),由于其恒载作用下支点负弯矩很小,且支点位置采用了交叉锚固,施加了充足的预压应力。在设计最大负弯矩对应工况下主梁支点上缘未出现裂缝。支点负弯矩将不控制该结构的承载能力。

4.3.1.2 试验主要结论

通过对支点截面在承载能力极限状态下最大负弯矩的试验测试,对支点截面的承载能力进行了检验。试验结果表明,在承载能力极限状态下支点断面的承载能力满足设计极限状态内力组合的要求,在设计承载能力最大负弯矩状态下支点截面尚未发生明显开裂,这表明在支点位置具备良好的承载能力安全储备。

基于工业化建造桥梁采用了逐跨拼装的施工方法,一跨范围内所有节段先悬挂(或支撑)于架桥机主桁上,待体外预应力张拉完成后基本实现自动落架,因此本桥的一期恒载在支点位置基本不产生负弯矩。这种施工方式架设的全体外预应力节段梁在支点处的负弯矩主要由二期恒载和活载产生,相对较少,一般不作为此类结构承载能力设计的控制因素。

4.3.2 跨中截面极限承载能力试验

1)荷载-位移变化

本试验对跨中断面进行了极限承载能力加载,并对该过程结构的响应进行测试,重点对结构的跨中位移、跨中截面应变和体外束的变化进行测试与分析。试验先加载至基本组合下的设计最大正弯矩的100%,加载的最大正弯矩为86941kN·m。

在试验加载过程中跨中位移的变化情况如图4-35所示,在跨中试验弯矩M与设计极限弯矩M_d之间的比值$M/M_d<0.74$时主梁的位移变化呈现良好的线性关系。在荷载达到$0.74M_d$以后荷载位移曲线的斜率略有变化,此时结构可能在局部位置出现开裂,刚度略有降低。在荷载加至$M/M_d=0.92$时荷载位移曲线的斜率发生了急剧变化,此时结构的裂缝发展开始加快,结构的刚度降低较为明显。在试验弯矩M从$0.92M_d$加载至$1.0M_d$的过程中位移的增长速率明显增大,在此过程中随着裂缝的不断发展结构刚度进一步降低,但M/M_d-位移曲线并未发散。表明试验梁在达到承载能力极限状态下的最大设计正弯矩时结构仍然具有较好的承载能力安全储备。在达到设计最大弯矩时主梁跨中最大位移为78mm。

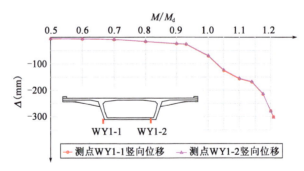

图4-35 正弯矩加载过程中跨中位移测试结果

如图4-35所示,在跨中胶接缝两侧梁段的实测位移增量基本相同。在荷载加至$M/M_d=0.93$以前,结构变形基本为弹性变形;在$M/M_d>0.93$时M/M_d-位移曲线斜率增加,结构进入非线性阶段,表明此时结构开始出现塑性变形;随着荷载的继续增加,M/M_d-位移曲线的斜率继续增加;当加载达到$M/M_d=1.207$时,达到了结构破坏前的最大位移。在承载能力加载过程中梁体的总体竖向位移变化如图4-36所示。在破坏时跨中加点位置的位移最大,最大位移为305.5mm。

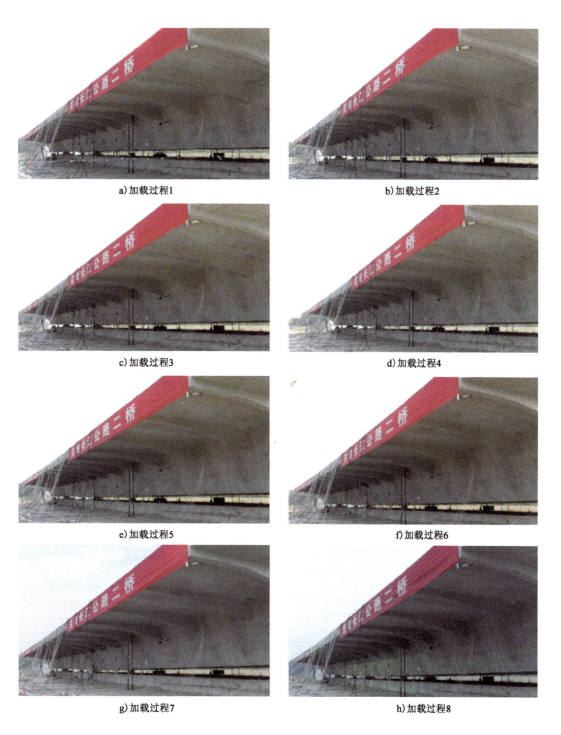

图 4-36　主梁变形照片

2）裂缝发展

在跨中正弯矩极限承载能力加载过程中,对主梁的应力变化进行监测,重点关注了跨中断面的应力变化情况。为了检测结构的开裂荷载,在底板跨接缝位置布置了跨缝应变传感器,其应变-M/M_d 曲线如图 4-37 所示。

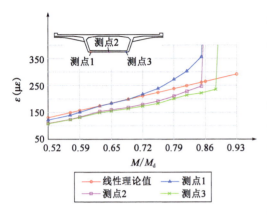

图 4-37 正弯矩加载过程中跨底板应变测试结果

在 $M/M_d < 0.65$ 时,各测点应变随 M/M_d 的增加呈线性关系变化,结构均处于弹性状态,在 M 大于 $0.65M_d$ 后测点 1 的应变-M/M_d 曲线斜率开始变化,该点开始出现消压现象,这与该位置接缝结构胶体的密实程度有关。在 M 达到 $0.74M_d$ 时测点 2 和测点 3 的曲线斜率略有变化,但不明显,在 M 达到 $0.79M_d$ 时测点 1 和测点 2 的应变突然增大,这两个位置均出现开裂,此时对应的弯矩为结构的开裂弯矩,与理论计算开裂弯矩 $0.79M_d$ 基本一致。在弯矩 M 达到 $0.83M_d$ 后测点 3 的应变也突然增大,发生开裂,此时底板全断面均开裂。

在极限承载能力加载过程中,通过对关键位置应变监测和现场裂缝的跟踪记录,实现了对主梁裂缝发展情况较为全面的观测。试验结果表明,在试验弯矩 $M=0.79M_d$ 时主梁跨中开始出现裂缝,裂缝首先出现在跨中接缝位置,裂缝沿着跨中节段接缝位置开裂,裂缝形态如图 4-38 所示,裂缝宽度大约 0.05mm,长度约为 55cm。

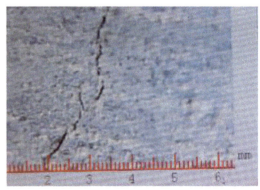

图 4-38 $M=0.79M_d$ 时跨中裂缝形态

当 $M/M_d=0.931$ 时,跨中截面接缝处裂缝开始沿接缝向上发展,底板与腹板交界处裂缝宽度为 3.28mm,底板中央位置的裂缝宽度为 1.62mm。M/M_d 从 $0.931\sim1.069$ 的变化过程中裂缝宽度迅速增加,M/M_d-位移曲线斜率突增,在这个加载区间内,底板靠近腹板处缝宽度由 3.28mm 增加到 38.82mm,如图 4-39 所示。

随着荷载的进一步增加,裂缝沿节段接缝位置继续向上发展,裂缝宽度进一步增加。当 $M=1.207M_d$ 时裂缝发展进入顶板承托范围,如图 4-40 所示。在该状态下截面受压区域均进入顶板范围。$M=1.207M_d$ 时最大裂缝宽度达到 75.02mm,此时裂缝宽度急速变大,结构达到承载能力极限状态。

a) 腹板位置　　　　　　　　　　b) 底板位置

图 4-39　$M = 1.069M_d$ 时跨中裂缝形态

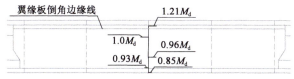

图 4-40　极限加载过程跨中裂缝发展图

3) 箱梁应变

主梁跨中截面顶板接缝处的应力测试结果如图 4-41 所示，承载能力极限加载过程中，当 $M/M_d < 0.7$ 时，跨中截面顶板的应力-M/M_d 曲线均保持良好的线性状态，表明结构处于弹性工作状态。荷载继续增大，在荷载施加至 $M/M_d = 0.93$ 时，跨中顶板上缘中心点理论应力 -11.02MPa，下缘中心点的理论应力为 -10.85MPa，实测值分别为 -10.99MPa 和 -10.15MPa，与理论值很接近。随着荷载的进一步增大，顶板的压应力变化曲线的斜率出现了明显增大，结构总体刚度下降明显。随着荷载的持续增加，跨中节段顶板的压应变持续加大。到达极限状态时顶板上缘中央位置的实

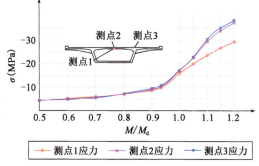

图 4-41　加载过程中跨中顶板的实测应力

测名义压应力达到 $-35.03\mathrm{MPa}$,顶板下缘中央位置的实测名义压应力达到 $-26.86\mathrm{MPa}$。腹板正上方顶板上缘的实测最大压应变为 $-1045\mu\varepsilon$,折算的最大名义压应力为 $-36.05\mathrm{MPa}$。

4)体外预应力响应

在极限加载过程中,跨中断面达到最大正弯矩之前体外束的应力变化曲线如图 4-42 所示,当 $M < 0.72M_d$ 时体外束应力增加很缓慢,因此在此过程中结构的变形较小。在 $M > 0.72M_d$ 后钢束的应力增加速度略有增加。同一根钢束的 3 根不同钢绞线的索力测试结果表明,在 $M = M_d$ 时该体外束在跨中区段的平均应力增量为 $63\mathrm{MPa}$。

采用整束磁通量传感器对 3 号钢束进行应力测试,应力测试结果如图 4-43 所示。在加载弯矩 M 达到 $0.93M_d$,体外束的应力增加明显变快,此时梁体的裂缝较为明显,结构表现出明显的非线性状态。在结构达到极限状态时,体外束的极限应力由加载前的 $1262\mathrm{MPa}$ 增加至 $1560\mathrm{MPa}$,应力增量为 $298\mathrm{MPa}$。与钢束的极限强度相比,仍有较大的富余,这也证实了体外预应力在极限状态下无法达到的材料的极限强度。

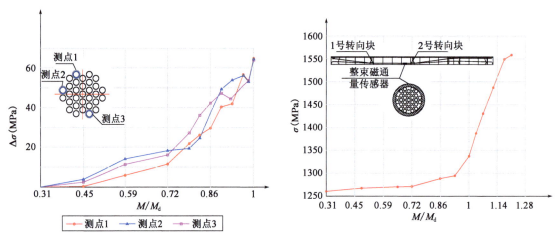

图 4-42 正弯矩加载过程单股测通测试结果　　图 4-43 极限加载过程体外束应力变化图

试验过程中对转向块位置钢束的相对位移进行了测试(图 4-44),测试结果表明,在 $M = 0.59M_d$ 时钢束有相对滑移,但是滑移量值很小,在 $M = M_d$ 时 1、2 号转向块处的滑移量分别达到 $1.5\mathrm{mm}$ 和 $1.8\mathrm{mm}$。在达到极限状态破坏前,1、2 号转向块处的滑移量分别达到 $13\mathrm{mm}$ 和 $15\mathrm{mm}$,在两个转向块位置钢束相对转向块均向跨中发生滑移。

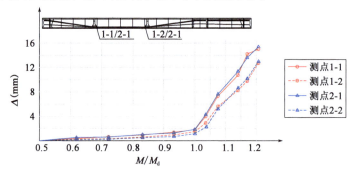

图 4-44 钢束与转向块之间相对滑移测试结果

在极限加载过程中，由于体外束和梁体在非转向块位置无法完全与梁体协调变形，因此体外束与箱梁边缘的距离会随着梁体的变形而发生变化，这种效应称为体外预应力的二次效应。极限加载过程中二次效应的测试结果如图 4-45 所示，在 $M=0.59M_d$ 时体外束开始出现二次效应，但此时的二次变位很小，不足 1mm。在 $M<0.93M_d$ 的加载过程中，钢束的与梁体的二次变位呈线性变化；当 $M>0.93M_d$ 时，二次变位逐渐增大。这种变化与跨中位移的变化规律一致。在极限破坏前跨中位置实测的最大二次变位为 58mm，在其他参数不变的情况，导致跨中截面的承载能力降低约 3%。

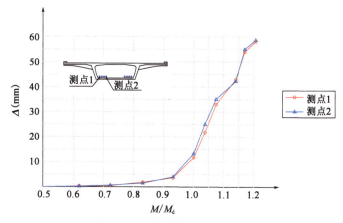

图 4-45　跨中钢束与底板相对变位

5）破坏形态

在荷载加载 $M/M_d=1.21$ 时梁体上缘混凝土出现了压溃现象，梁体的 M/M_d-位移曲线开始发散，此时结构达到承载能力的极限。在极限状态下，首先是主梁两侧护栏底座混凝土出现压溃，使得截面的受压区面积迅速减小，截面中性轴迅速上移，紧接着主梁顶板在接缝位置均出现压溃现象，如图 4-46 所示，位移开始持续增加，此时结构达到承载能力极限状态。

a）左侧翼缘

b）顶板中央

c）右侧翼缘

图 4-46　极限破坏时箱梁顶板接缝处的压溃形态

当试验荷载弯矩 M 大于 $1.207M_d$ 时，结构位移快速增加，随后顶板混凝土在顶板上缘位置出现压溃，形成塑性铰，无法形成新的平衡状态，此时结构达到了承载能力极限状态。

4.4　试验主要结论

针对跨中断面进行了极限承载能力破坏试验，测试了试验模型的跨中截面的真实承载能

力。通过试验研究可以得出以下主要试验结论:

(1) 在抗弯极限加载过程中,梁体经历了消压、开裂、破坏三个关键阶段。$M/M_d = 0.793$ 时,跨中截面下缘压应力基本被消除,对应于消压阶段,试验的消压荷载与理论计算基本相同。$M/M_d = 0.896$ 时,跨中截面下缘逐渐出现开裂,开裂荷载基本与理论分析一致。$M/M_d = 1.21$ 时,梁体上缘混凝土出现了压溃现象,梁体的 M/M_d-位移曲线开始发散,此时结构达到了承载能力极限状态。

(2) 全体外预应力节段梁模型在抗弯承载力极限状态下,梁体跨中的最大位移达到 302.5mm,加载过程结构变形缓慢发生,结构具有良好的延性。

(3) 当结构达到破坏时,体外预应力的永存应力值约为 1560MPa,应力增量达到约 298MPa,虽然应力增量较体内预应力偏小,但仍然使得梁体具有较高的承载能力。

(4) 加载过程中,试验梁首先将从弯矩最大位置附近的节段接缝开始出现裂缝,随着荷载的增加将会出现一条主裂缝,沿着接缝逐渐向顶板发展,截面的受压区高度不断减小,结构的变形、顶板混凝土的压应力和体外束的应力将逐渐增大,最终以顶板混凝土压溃而丧失承载能力。

综上所述,芜湖长江公路二桥采用的全体外预应力节段拼装轻型薄壁箱梁桥具有较好的承载能力,可满足设计对桥梁结构承载能力的要求。试验所得的极限承载能力是设计极限承载能力的 1.21 倍,且承载能力的安全储备较高。结构的承载能力破坏过程是一个缓慢的延性变化过程,而非脆性破坏,符合桥梁结构设计的要求,也验证了通过轻型箱梁与全体外预应力相结合来解决全体外预应力承载能力偏小问题的设想是合理可行的。

第 5 章 全体外预应力混凝土节段拼装梁桥设计计算方法

对于全体外预应力箱梁结构,由于体外预应力钢束与梁体在转向块以外位置与梁体处于相对独立状态。在箱梁发生挠度变形时,钢绞线不能很好地与箱梁协调变形,导致钢绞线在箱梁截面的相对位置发生变化;此外,在箱梁发生变形时体外束钢绞线与转向器之间会出现相对滑动,导致体外束应力分布更为复杂。故传统的经典计算模式无法直接应用于全体外预应力节段梁的设计计算。此外,预应力箱梁自身的构造与传统箱梁存在较大的差别,如横梁构造、悬臂板构造等,因此其相应的设计计算方法也需进一步探索。故本章对全体外预应力节段拼装梁桥的设计计算方法进行探讨,以建立合理的设计计算方法。

5.1 总体受力特性与基本力学模式

节段拼装桥梁建造的工业程度主要由设计的标准化程度决定,只有高度标准化的设计,才能充分体现节段梁的工业化建造优势。如何提高设计的标准化是工业化建造在设计环节需要解决的关键问题。从结构体系层面而言,影响其设计标准化程度的主要因素包括合理的桥跨布局与结构体系的选择,钢束布置与结构总体构造的相互配合,结构设计与现场施工方式的协调。

体外预应力与主梁的相对位置处于变化状态,这与有黏结预应力混凝土梁的经典分析方法完全不同。有黏结预应力混凝土梁的经典分析方法认为,截面内的配筋与截面混凝土的相对位置固定不变,承载过程中由截面内不同高度的各种材料纤维之间形成的合力及合力矩与外荷载平衡,基于平截面假定便可得到任意内力状态下截面各高度处的应力应变分布情况。相比较而言,体外预应力结构在建立截面平衡方程时会增加一个体外束高度的未知量,导致截面受力状态的计算变得更加复杂,如果仍采用与体内索相同的分析方法显然不合适。

为了更好地模拟体外预应力与主梁之间的变形不协调问题,可采用图 5-1 所示的计算图式。体外束可与梁脱离而独立存在,在锚固位置和转向块位置可利用钢臂与梁体进行连接,各区段均可采用索单元模拟。各区段体外束的索力 T_i 的初始值可根据张拉方式、控制张拉力和转向块局部平衡关系计算得到。将计算所得各区段的初始索力以初内力的形式施加在索单元上,得到张拉完成时的结构状态。

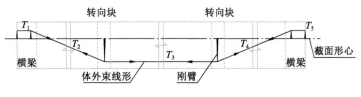

图 5-1 体外预应力计算图式

上述计算图式能够很好地计入由于梁体在发生挠曲变形时钢束产生的二次效应,但无法模拟钢束与转向块之间可能出现的相对滑移。在上述模式的基础上按照图 5-2 进行迭代计算,即可模拟弹性状态下全体外预应力的力学状态。

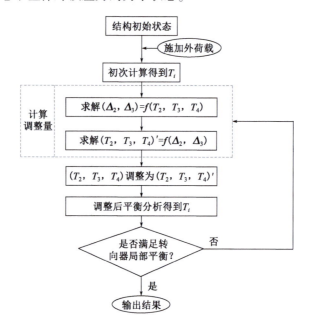

图 5-2　模拟钢束滑移的迭代计算流程

迭代计算中可先根据初始状态加载计算,得到外荷载作用下各段体外预应力的初效应 T_i,假定实际状态下体外束会在荷载初效应 T_i 的基础上在各转向块处发生 Δ_i 的滑移量,通过滑移后钢束的平衡关系,按式(5-1)可知各转向块处钢束的滑移量 Δ_i,再由式(5-2)得到滑移重分配后各区段钢绞线的应力 T'_i。每次调整后对计算结果按照式(5-2)进行判定,作为调整后钢绞线是否发生滑移的依据。

$$\int_{s_i} \tau_i \mathrm{d}s = [T_{i+1} + E(\Delta_{i+1} + \Delta_{i+2})/l_{i+1}] - [T_i + E(\Delta_i + \Delta_{i+1})/l_i] \tag{5-1}$$

$$T'_i = T_i + E(\Delta_i + \Delta_{i+1})/l_i \tag{5-2}$$

$$\int_{s_i} \tau_i \mathrm{d}s < T_{i+1} - T_i \tag{5-3}$$

由于在锚固横梁处锚头与转向块之间的距离 l_1 和 l_5 很小,外荷载作用下该区段钢束的应力变化引起的滑移量极小,基本可以忽略不计。故为简化计算,调整计算时可只考虑中间转向块的滑移,对 $T_2 \sim T_4$ 的索力进行调整计算,即可获得较为理想的计算结果,且能较好地保障迭代计算的快速收敛。

这种计算模式能够较好地实现静力工况下的准确模拟计算,对于移动荷载分析时,可先不考虑迭代调整计算,通过初次计算得到结构分析的控制断面,然后针对控制断面将移动荷载转为静力荷载进行分析。

这种基于索单元的迭代计算方法可以在现有常用有限元软件的基础上进行二次开发应

用,也可采用交互模式完成体外预应力的结构分析,可作为结构总体分析的常用方法之一。

5.2 抗弯承载能力计算方法

5.2.1 关键参数的确定

体外预应力节段拼装梁桥的抗弯承载能力简化计算方法的核心问题是,如何能较准确地计算在极限状态下体外预应力筋的极限应力增量,以及体外预应力筋与截面的相对位置关系。在这两个关键参数能够准确计算的前提下,可通过截面的平衡方程得到相应的承载能力。

同济大学李国平教授对体外预应力节段拼装梁桥抗弯极限承载能力的简化计算方法进行了较全面的研究(李国平,2006),该研究对极限应力增量的计算和体外预应力筋的有效高度均提出了相应的计算方法。但由于该研究综合考虑了体内、外混合配束比例,体内束的配筋率,整体式、胶接缝、干接缝等不同施工方式的影响,研究考虑的影响因素较多,相关参数计算方法对于全体外预应力节段拼装式连续梁的计算精度会受到其他无关参数的影响,其精度需要进行检验与改进。本节在李国平教授研究的基础上,对影响极限应力增量和体外预应力筋二次效应的主要因素进行参数分析,并以此为基础对其计算公式进行拟合修正,以获得能够更好地应用于全体外预应力混凝土节段拼装连续梁桥抗弯极限承载能力特性的简化计算方法。

5.2.1.1 极限应力增量的参数分析与拟合

李国平教授的研究结果表明,影响体外预应力极限应力增量的主要因素有施工方法、高跨比、体内受拉钢筋的配筋、体外预应力配筋率、钢束的布置形式(单跨布置或连续布置)等(李国平,2006)。对于工业化建造的全体外预应力节段拼装梁桥,均采用胶接缝拼装形式,体外预应力均采用单跨布置,因此主要的影响因素为高跨比和体外应力配筋率两个主要因素。

针对跨径与体外预应力有效高度的比值 $L/h_{p,e}$ 和体外预应力配筋率 ρ_p 两个主要因素进行抗弯极限承载能力的参数化分析,研究在极限过程中体外预应力的极限应力增量。分别针对高跨比在 1/17.5 ~ 1/15,配筋率在 3% ~ 7% 之间,共 30 组不同参数模型进行分析,利用数值分析得到了不同参数状态下的应力增量。简支梁在极限状态,体外预应力筋极限应力增量的参数化分析结果见表 5-1。

简支梁在极限状态体外预应力筋极限应力增量的参数化分析结果(单位:MPa) 表 5-1

$\rho_p(\%)$	$L/h_{p,e}$					
	16.5	17	17.5	18	18.5	19
3	308.6	322.1	334.8	350.8	359.6	368.9
4	296.1	310.9	321.3	328.5	343.7	358.3
5	286.0	291.9	307.7	318.8	329.2	339.1
6	274.7	283.0	294.2	308.1	314.8	324.2
7	258.7	270.0	280.7	290.8	300.3	309.3

以表 5-1 的参数化分析结果为基础,沿用李国平教授提出的极限应力增量的基本表达式,见式(5-4)。

$$\Delta\sigma_{pu,e} = \left(C_1 - \frac{C_2}{L/h_{p,e}}\right)(C_3 - C_3\rho_p) \tag{5-4}$$

利用 Gauss-Newton 法进行参数拟合,得到全体外预应力节段拼装梁桥体外预应力筋极限应力的表达式,见式(5-5),标准差为 0.018。

$$\Delta\sigma_{pu,e} = \left(18.2 - \frac{178.0}{L/h_{p,e}}\right)(46.9 - 172.6\rho_p) \tag{5-5}$$

两跨连续梁在极限状态体外预应力筋极限应力增量的参数化分析结果见表 5-2,以表 5-2 的参数化分析结果为基础,沿用李国平教授提出的极限应力增量的基本表达式(5-4),利用 Gauss-Newton 法进行参数拟合,得到全体外预应力节段拼装梁桥体外预应力筋极限应力的表达式,见式(5-6),标准差为 0.018。

$$\Delta\sigma_{pu,e} = \left(17.2 - \frac{107.2}{L/h_{p,e}}\right)(48.04 - 164.3\rho_p) \tag{5-6}$$

两跨连续梁在极限状态体外预应力筋极限应力增量的参数化分析结果(单位:MPa)　　表 5-2

$\rho_p(\%)$	$L/h_{p,e}$					
	16.5	17	17.5	18	18.5	19
3	299.4	312.2	324.2	332.0	351.6	361.5
4	280.9	293.2	316.6	315.7	337.2	346.7
5	273.1	292.5	303.2	313.3	318.2	326.0
6	261.0	284.2	275.7	287.7	308.6	311.5
7	256.1	275.9	276.3	282.9	294.2	302.5

在抗弯承载能力极限状态下,体外预应力筋的极限应力可表达为式(5-7)。

$$\sigma'_{pu,e} = \sigma_{pe,e} + \Delta\sigma_{pu,e} \tag{5-7}$$

如何取用合理的体外预应力极限应力计算值,是在抗弯极限承载能力计算时较有争议的关键问题。李国平教授认为,在式(5-7)计算的基础上应再考虑体外预应力筋的材料分项系数 1.25,按照式(5-8)计算。

$$\sigma_{pu,e} = \frac{1}{1.25}(\sigma_{pe,e} + \Delta\sigma_{pu,e}) \tag{5-8}$$

对于预应力钢绞线的材料分项系数为 1.25 的规定源于我国桥梁设计规范在 85 规范[1]体系的容许应力法向 2004 规范[2]体系的极限状态法转变时的考虑。由于原规范钢绞线和钢丝绳的安全系数在设计强度的基础上再选取 1.25 倍,故在 2004 规范体系中钢绞线和钢丝绳的强度设计值取值时,按 $f_{pd} = f_{0.2}/1.25$ 选取。其中 $f_{0.2}$ 为钢绞线的条件屈服应力,取为 $0.85f_{pk}$。故在我国现行规范体系中钢绞线材料的设计强度取值见式(5-9)。

$$f_{pd} = 0.85 \times f_{pk}/1.25 \tag{5-9}$$

对于体内预应力钢绞线在承载能力极限状态计算时钢绞线的最大应力取为 f_{pd}。同理,对于体外预应力极限应力的取值也不应大于 f_{pd},即已经考虑了材料分项系数的安全度,不应对

---

[1] 85 规范是指《公路钢筋混凝土及预应力混凝土桥涵设计规范》(JTJ 023—1985)。
[2] 2004 规范是指《公路钢筋混凝土及预应力混凝土桥涵设计规范》(JTG D62—2004)。

计算所得极限应力 ($\sigma_{pe,e} + \Delta\sigma_{pu,e}$) 再除以材料分项系数。因此本书认为,全体外预应力节段梁在抗弯承载能力极限状态下,体外预应力筋的极限应力计算值应按照式(5-10)计算, $\sigma_{pd,e}$ 为钢绞线的设计强度, $\sigma_{pd,e} = f_{pd}$ 。

$$\begin{cases} \sigma_{pu,e} = (\sigma_{pe,e} + \Delta\sigma_{pu,e}) \\ \sigma_{p,e} \leqslant \sigma_{pu,e} \leqslant \sigma_{pd,e} \end{cases} \quad (5\text{-}10)$$

5.2.1.2 体外预应力筋二次效应的参数分析与拟合

影响体外预应力筋极限二次效应的主要因素包括结构的高跨比和转向块的布置形式与间距。对于全体外预应力节段梁的二次效应可以表达为式(5-11)。

$$h_{pu,e} = R_{h,e} h_{h,e} \quad (5\text{-}11)$$

式中: $h_{pu,e}$——极限状态下体外预应力筋距截面受压区边缘的距离;

$R_{h,e}$——体外预应力筋的二次效应系数;

$h_{h,e}$——体外预应力筋距受压区边缘的初始距离。

针对跨径与预应力筋有效高度比值 $L/h_{p,e}$ 和转向块间距与跨径比值 S_d/L 这两个影响 $R_{h,e}$ 的主要因素进行参数化分析。简支梁在极限状态体外预应力筋二次效应系数的参数化分析结果见表 5-3。

简支梁在极限状态体外预应力筋二次效应系数参数化分析结果　　表5-3

S_d/L	$L/h_{p,e}$					
	16.5	17	17.5	18	18.5	19
0.20	0.999	0.998	0.998	0.997	0.997	0.997
0.25	0.998	0.998	0.996	0.997	0.995	0.992
0.30	0.997	0.996	0.993	0.988	0.985	0.976
0.35	0.959	0.956	0.953	0.950	0.946	0.938
0.40	0.921	0.913	0.915	0.911	0.908	0.905

以表 5-3 的参数化分析结果为基础,借鉴李国平教授提出的体外预应力二次效应系数的表达式,并采用多项式拟合,基本表达式见式(5-12)。

$$R_{h,e} = C_0 + C_1 \frac{L}{h_{p,e}} + C_2 \left(\frac{L}{h_{p,e}}\right)^2 + C_3 \frac{S_d}{L} + C_4 \left(\frac{S_d}{L}\right)^2 \quad (5\text{-}12)$$

利用 Gauss-Newton 法进行参数拟合,得到全体外预应力节段拼装梁桥体外预应力筋二次效应系数的表达式见式(5-13)标准差为 0.005。

$$R_{h,e} = 0.795 + 0.0136 \frac{L}{h_{p,e}} - 0.0052 \left(\frac{L}{h_{p,e}}\right)^2 - 1.167 \frac{S_d}{L} + 2.669 \left(\frac{S_d}{L}\right)^2 \quad (5\text{-}13)$$

而跨连续梁在极限状态下体外预应力筋二次效应系数的参数化分析结果见表 5-4,以表 5-4的参数化分析结果为基础,进行参数拟合,得到全体外预应力节段拼装梁桥体外预应力筋二次效应系数的表达式,见式(5-14),标准差为 0.004。

$$R_{h,e} = 0.550 + 0.0395 \frac{L}{h_{p,e}} - 0.0012 \left(\frac{L}{h_{p,e}}\right)^2 - 1.126 \frac{S_d}{L} + 2.40 \left(\frac{S_d}{L}\right)^2 \quad (5\text{-}14)$$

两跨连续梁在极限状态体外预应力筋二次效应系数的参数化分析结果   表5-4

S_d/L	$L/h_{p,e}$					
	16.5	17	17.5	18	18.5	19
0.20	0.999	0.998	0.998	0.997	0.997	0.997
0.25	0.998	0.998	0.997	0.997	0.996	0.996
0.30	0.997	0.997	0.996	0.996	0.994	0.991
0.35	0.978	0.978	0.975	0.969	0.965	0.962
0.40	0.942	0.936	0.933	0.930	0.930	0.923

5.2.2 简化计算方法

全体外预应力节段拼装梁桥的抗弯承载能力极限状态下的设计计算图式可表示为图5-3,在极限状态下界限高度内混凝土受压取混凝土设计强度进行计算,体外预应力极限应力与距离受压区高度按照本节规定选取。

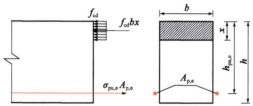

图5-3 全体外预应力节段拼装梁桥的抗弯承载能力
极限状态下的设计计算图式

由计算断面处的轴力平衡和弯矩平衡方程,可以得到抗弯极限承载能力设计计算公式,见式(5-15)、式(5-16)。

$$\gamma_0 M_d \leqslant A_{p,e}\sigma_{pu,e}(h_{pu,e} - x/2) \tag{5-15}$$

$$A_{p,e}\sigma_{pu,e} = f_{cd}bx \tag{5-16}$$

对于简支梁桥

$$\sigma_{pu,e} = \sigma_{pe,e} + \left(18.2 - \frac{178.0}{L/h_{p,e}}\right)(46.9 - 172.6\rho_p) \quad (\sigma_{pe,e} \leqslant \sigma_{pu,e} \leqslant \sigma_{pd,e})$$

$$h_{pu,e} = \left[0.795 + 0.0136\frac{L}{h_{p,e}} - 0.0052\left(\frac{L}{h_{p,e}}\right)^2 - 1.167\frac{S_d}{L} + 2.669\left(\frac{S_d}{L}\right)^2\right]h_{h,e} \quad (h_{pu,e} \leqslant h_{h,e})$$

对于连续梁桥

$$\sigma_{pu,e} = \sigma_{pe,e} + \left(17.2 - \frac{107.2}{L/h_{p,e}}\right)(48.04 - 164.3\rho_p) \quad (\sigma_{pe,e} \leqslant \sigma_{pu,e} \leqslant \sigma_{pd,e})$$

$$h_{pu,e} = \left[0.550 + 0.0395\frac{L}{h_{p,e}} - 0.0012\left(\frac{L}{h_{p,e}}\right)^2 - 1.126\frac{S_d}{L} + 2.40\left(\frac{S_d}{L}\right)^2\right]h_{h,e} \quad (h_{pu,e} \leqslant h_{h,e})$$

上述式中:γ_0——结构重要性系数;

M_d——计算截面弯矩的组合设计值;

$A_{p,e}$——体外预应力筋的截面面积;

$h_{p,e}$——体外预应力筋的初始有效高度;

$h_{h,e}$——体外预应力筋距受压边缘的初始距离;

$h_{pu,e}$——体外预应力筋极限状态的有效高度,当计算截面位于转向或定位装置时,$h_{pu,e} = h_{p,e}$;

x——计算截面的受压区高度;

f_{cd}——混凝土的抗压强度设计值;

b——截面混凝土受压区宽度;

$\sigma_{pe,e}$——体外预应力筋永存应力;

$\sigma_{pu,e}$——体外预应力筋极限应力计算值;

$\sigma_{pd,e}$——体外预应力筋极限应力抗拉强度设计值;

L——梁的计算跨径;

ρ_p——体外预应力筋配筋率;

S_d——计算截面处转向块构造间距。

上述计算公式是针对受压区为矩形截面建立的计算公式,对于受压区为 T 形截面的计算公式,可采用同样方式建立其计算公式。

5.3 抗剪承载能力计算方法

按照我国《公路钢筋混凝土及预应力混凝土桥涵设计规范》(JTG D62—2004)对混凝土梁抗剪承载能力的规定,在斜截面承载能力验算时既需对斜截面承载能力按照式(5-17)进行计算,也需对腹板的最小尺寸按照式(5-18)进行检验。

$$\gamma_0 V_d \leqslant V_{cs} + V_{sb} + V_{pb} \tag{5-17}$$

$$\gamma_0 V_d \leqslant 0.51 \times 10^{-3} \sqrt{f_{cu,k}} b h_0 \quad (kN) \tag{5-18}$$

目前国内学者对体外预应力梁桥抗剪承载能力简化计算方法的研究,均沿用了这种计算方式,保留了对腹板的最小尺寸按照式(5-18)进行检验的要求。式(5-18)的规定起源于《公路钢筋混凝土及预应力混凝土桥涵设计规范》(JTJ 023—1985)第 4.1.12 条的规定,但该规范第 4.1.12 条的规定是针对钢筋混凝土构件的验算做出的,对于预应力混凝土构件的验算并无这一规定,且对该条进行了附注,注明"规定仅适用于等高度简支梁",由此可见,式(5-18)对预应力混凝土结构的适用性有待商榷,对于全体外预应力结构的适用性更差。

对于截面尺寸最小限制的检验,在 AASHTO 规范中也有相关规定,AASHTO 规范对于预应力混凝土抗剪承载能力,要求按照式(5-19)验算截面承载能力,同时按照式(5-20)对最小尺寸进行检验,避免梁腹板混凝土在横向钢筋屈前被压坏,与 85 规范规定的目的相同,但式(5-20)的检验计算中考虑了预应力对抗剪承载能力的贡献。

$$\gamma_0 V_d \leqslant 0.51 \times 10^{-3} \sqrt{f_{cu,k}} b h_0 \quad (kN) \tag{5-19}$$

$$V_n \leqslant f'_c b_v d_v + V_p \tag{5-20}$$

本书认为,体外束的预剪力是施加在混凝土梁上的有效作用,体外束的预剪应力会直接改变梁体在极限状态下的截面内力,这部分效应与截面尺寸无关。例如,索辅梁桥在主梁的抗剪承载能力计算时,也是将索辅效应直接作为主梁的体外作用来考虑。同理,对于全体外预应力混凝土梁桥,主梁的抗剪承载能力计算时也应将体外束的预剪效应作为外荷载考虑,应按式(5-21)进行计算。其中,$V_{d,p}$为验算截面处作用(含预应力一次矩)的剪力组合设计值。但为避免对有利效应的放大,偏于保守地不考虑结构重要性系数对预剪力的放大效应,可将截面抗剪最小尺寸的检验公式修正为式(5-22),保持与 AASHTO 规范的形式一致。

$$\begin{cases} \gamma_0 V_{d,p} \leqslant 0.51 \times 10^{-3} \sqrt{f_{cu,k}} bh_0 \quad (kN) \\ V_{d,p} = V_d - V_p \end{cases} \quad (5\text{-}21)$$

$$\gamma_0 V_d \leqslant 0.51 \times 10^{-3} \sqrt{f_{cu,k}} bh_0 + V_p \quad (5\text{-}22)$$

式中:γ_0——结构重要性系数;

V_d——计算截面剪力的组合设计值(不含预剪力);

V_p——体外预应力筋的预剪力;

其他参数含义与现行规范符号的意义一致。

为了校验该修正方法的可行性,开展了三根全体外预应力节段梁的弯剪模型试验,试验梁的腹板厚度为 10cm,按照不同公式计算所得的该尺寸抗剪限值见表 5-5。

试验极限剪力与简化计算公式的比较　　　表 5-5

试验梁编号	BM-1-1	BM-1-2	BM-1-3
腹板厚度(m)	0.1	0.1	0.1
$0.51 \times 10^{-3} \sqrt{f_{cu,k}} bh_0$ (kN)	81	81	81
$0.51 \times 10^{-3} \sqrt{f_{cu,k}} bh_0 + V_p$ (kN)	108	120	99
试验剪切破坏荷载(kN)	130	146	91
破坏模式	剪压	剪压	剪压

按照现行规范的规定,在剪力超过 81kN 后就可能出现斜压破坏,经 BM-1-1、BM-1-2 试验表明,加载至 130kN 以上仍未出现斜压破坏,表明规范的规定显然过于保守。按照修正后的计算公式,BM-1-1~BM-1-3 试验梁在确保不出现斜压破坏时的最大剪力分别为 108kN、120kN、99kN,试验剪压破坏荷载分别为 130kN、146kN、91kN,且三根试验梁的破坏模式均为剪压破坏。这表明修正后的计算公式能够改善原公式的不足之处,且具备较好的安全储备。

5.4 转向块及锚固横梁计算方法

5.4.1 承载能力计算方法

节段拼装梁桥建造的工业程度主要由设计的标准化程度决定。转向块承载能力计算模式如图 5-4 所示。

转向块承载能力可按照撑杆-系杆模式进行计算。转向块内环筋(拉杆)的抗拉承载力计算应满足式(5-23)的要求。

$$\gamma_0 N_d \leqslant f_s A_s \quad (5\text{-}23)$$

式中:γ_0——结构重要性系数,取 1.1;

N_d——竖向拉力的组合设计值;

f_s——内环筋的抗拉强度,取抗拉强度设计值f_{sd}的 0.6 倍;

A_s——内环筋的截面面积。

横梁承载能力计算模式如图 5-5 所示。

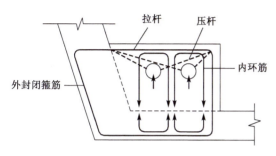
图 5-4　转向块承载能力计算模式

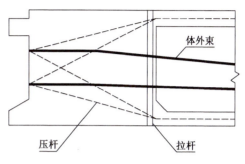
图 5-5　横梁承载能力计算模式

5.4.2　横梁的抗裂性计算方法

5.4.2.1　应力条分法

对于正常使用阶段的抗裂性功能的钢筋配置的计算较困难。由于锚固横梁属于典型的 D 区❶设计,应力分布非常复杂,无法采用简化的计算方法得出板条的内力状态。因此,在抗裂性配筋时可采用"条分法"进行控制,如图 5-6 所示,将对应方向的应力云图划分为若干板条,每个板条区域内可认为该区域内的拉应力均由该范围内的钢筋承担,通过总应力等效的方式计算钢筋的应力。在采用"条分法"等效计算时,每个板条范围内的平均应力偏保守地采用板条短边的平均应力进行替代。

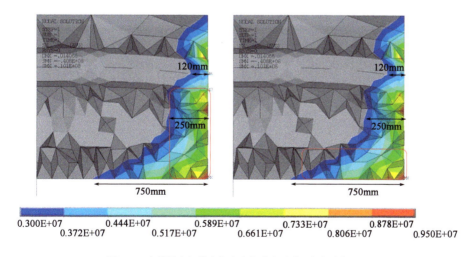

图 5-6　中横梁内部横向拉应力与分条示意(应力单位:Pa)

---

❶　D 区是指力流受扰动或不连续的区域。

在计算得到钢筋应力后可按照式(5-24)计算该板条区域内裂缝宽度,式中各参数可按照《公路钢筋混凝土及预应力混凝土桥涵设计规范》(JTG 3362—2018)中的规定进行选取。

$$W_{fk} = C_1 C_2 C_3 \frac{\sigma_{ss}}{E_s}\left(\frac{30+d}{0.28+10\rho}\right) \quad (5\text{-}24)$$

以芜湖长江公路二桥55m跨径为例,中横梁顶部水平方向可配置双排双肢28@100,人孔顶缘配置单排双肢28@100的钢筋。在采用该配筋状态下,对应的竖向缝宽度为0.09mm,水平裂缝宽度为0.12mm,均未超过0.2mm。芜湖长江公路二桥的实体工程实践结果表明,在采用该配筋方式后,横梁的裂缝宽度均可控制在0.1mm以下。

5.4.2.2 精细化有限元计算分析

基于弹性有限元的计算分析只能准确地获得结构开裂前的应力状态,无法考虑开裂后刚度变化和应力重分配的问题,故无法准确得到结构开裂后的实际状态。只能依据未开裂结构的力学规律计算所得的名义应力,并结合其他基本假定或合理的力学等效对开裂后的力学特性进行分析。考虑到墩顶锚固横梁传力复杂,在开裂后刚度变化可能会出现传力模式的新变化,为了准确获得这种结构开裂后的受力特点,本书针对所跟踪测试的墩顶块开展了考虑混凝土开裂的有限元分析。考虑混凝土开裂的有限元分析需要考虑混凝土开裂后普通钢筋的承载效应,因此有限元模型中需要建立结构内部的普通钢筋,同时需要确保计算单元网格剖分的精细均匀,才能顺利进行。故这种有限元模型的单元数量是传统弹性分析数量的数十倍甚至上百倍,如果还采用全桥模型分析,计算效率极低。为了解决这一问题,本书利用通用有限元软件ANSYS,采用基于子模型的精细化分析,模拟混凝土开裂的影响。精细化分析子模型的截取如图5-7所示。

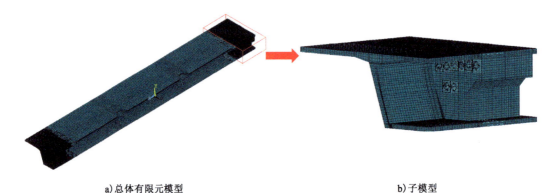

a)总体有限元模型　　　　　　　　b)子模型

图5-7　精细化分析子模型的截取

子模型分析方法是将有限元总体模型中需要精细化分析的局部区域单独提取出来,对其单元网格进行细分或考虑该区域的其他特殊的本构关系而进行的精细化分析。这种分析方法利用总体模型的计算分析结果,准确地获得子模型的边界函数,较好地处理了局部模型计算时边界效应的影响。ANSYS有限元软件的子模型利用与总体模型的共有边界输入功能,将截取位置的节点位移函数施加在子模型的对应位置。子模型的处理可利用总体模型重新进行网格划分,也可重新建,但需要注意两个模型的总体坐标系保持一致,确保在模型转化过程中可以生成正确的位移边界函数。在子模型边界位置的节点数量和网格尺寸方面,应尽量减小子模型和总体模型的差异,减少由于位移函数插值计算带来的计算误差。

子模型的混凝土采用 Solid65 单元进行模拟,本构关系选用图 5-8 所示的 Saenz 曲线。钢筋和锚垫板的材质均采用图 5-9 所示的双折线本构模型。混凝土的开裂采用弥散裂缝方式模拟,即混凝土达到开裂应力时将对应单元进行裂缝"弥散",将混凝土单元处理为各向异性材料,将单元在开裂应力方向的刚度进行调整,无须进行单元网格的重新划分,计算效率较高。

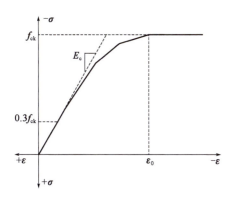 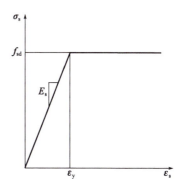

图 5-8 混凝土本构关系曲线(Saenz 曲线)   图 5-9 钢筋本构关系模型

通过子模型的精细化分析可以直接得到钢筋的应力水平,再通过钢筋与裂缝宽度之间的换算关系,可以得到横梁的抗裂性是否满足规定的要求(图 5-10)。

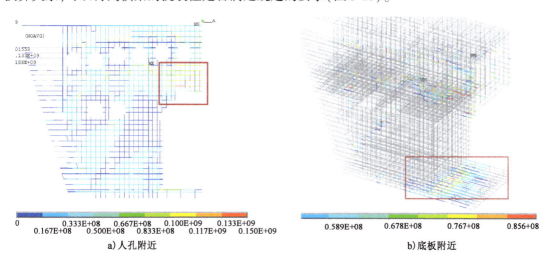

图 5-10 横隔板内钢筋应力分布情况(应力单位:Pa)

5.5 抗震设计

5.5.1 抗震设防目标

全体外预应力混凝土节段拼装梁桥抗震设防类别宜设为 A 类,采用相应的抗震设防标准和设防目标。抗震设防烈度为 6 度及以上地区的全体外预应力混凝土节段拼装梁桥,应进行抗震设计。全体外预应力混凝土节段拼装梁桥的抗震设防目标应符合表 5-6 的规定。

全体外预应力混凝土节段拼装梁桥的抗震设防目标　　　　表 5-6

梁桥抗震设防类别	设防目标	
	E1 地震作用	E2 地震作用
A 类	一般不受损坏或不需修复可继续使用,节段梁的接缝断面应保持受压工作状态,不允许出现剪力键的脱离,即"接缝开口"现象	可发生局部轻微损伤,不需修复或经简单修复可继续使用,允许节段梁的部分接缝断面出现少量剪力键的脱离,即"接缝开口"现象,但不允许同一跨所有节段接缝断面均发生剪力键的脱离现象。地震后,脱离的剪力键能够再次结合即接缝闭合,节段梁仍能保证整体性

全体外预应力混凝土节段拼装梁桥必须进行 E1 地震作用和 E2 地震作用下的抗震设计。全体外预应力混凝土节段拼装梁桥在不同抗震设防烈度下的抗震设防措施等级按表 5-7 确定。

全体外预应力混凝土节段拼装梁桥抗震设防措施等级　　　　表 5-7

桥梁分类	抗震设防烈度					
	6	7		8		9
	0.05g	0.1g	0.15g	0.2g	0.3g	0.4g
A 类	7	8	9	9	更高,专门研究	

其在抗震设计中的抗震重要性系数 C_i 可按表 5-8 确定。

全体外预应力混凝土节段拼装梁桥的抗震重要性系数 C_i　　　　表 5-8

桥梁分类	E1 地震作用	E2 地震作用
A 类	1.0	1.7

全体外预应力混凝土节段拼装梁桥抗震设防烈度与水平向设计基本地震动加速度峰值 A 的对应关系,应符合表 5-9 的规定。

全体外预应力节段拼装混凝土桥梁抗震设防烈度和水平向设计基本地震动加速度峰值 A　　　　表 5-9

抗震设防烈度	6	7	8	9
A	0.05g	0.10(0.15)g	0.20(0.30)g	0.40g

5.5.2　抗震的作用及效应组合

节段拼装混凝土梁桥的抗震分析需要考虑地震作用,应该对不同的设防烈度进行选取,选取时可按照如下原则进行考虑:

(1)一般情况下,抗震设防烈度为 6 度的地区,可只考虑水平向地震作用,直线桥可分别考虑顺桥向 X 和横桥向 Y 的地震作用。

(2)抗震设防烈度为 7 度的地区,宜同时考虑顺桥向 X、横桥向 Y 和竖向 Z 的地震作用;抗震设防烈度为 8 度和 9 度的地区,应同时考虑顺桥向 X、横桥向 Y 和竖向 Z 的地震作用。

(3)桥址距有发生 6.5 级以上地震潜在危险的地震活动断层 30km 以内时,应考虑近断裂效应,包括上盘效应、破裂的方向性效应及竖向地震作用对全体外预应力混凝土节段拼装梁桥地震响应的影响。

其中,地震作用可以用设计加速度反应谱、设计地震动时程和设计地震动功率谱来表征,具体可参考《公路桥梁抗震设计细则》(JTG/T B02-01—2008)。

在作用荷载效应分析时,需要考虑地震作用和其他作用所产生的效应,可以按照如下的原则进行考虑:作用效应组合应包括永久作用效应+地震作用效应,组合方式应包括各种效应的最不利组合。其中,地震作用包括地震动的作用和地震土压力、水压力等。

5.5.3 抗震设计计算

全体外预应力混凝土节段拼装梁桥结构动力计算模型,应对上部结构节段梁进行局部精细化建模,从而能够正确反映桥梁上部结构、下部结构、支座和地基的刚度、质量分布及阻尼特性,保证在 E1 和 E2 地震作用下引起的惯性力和主要振型能得到反映。

一般情况下,桥梁结构的动力计算模型应可按照如下的原则进行建模分析:①计算模型中的全体外预应力混凝土节段拼装箱梁(包括横隔板和转向块等构件)可采用板单元模拟。②节段接缝中的剪力键可采用连接单元模拟,以反映节段之间的接触力学行为,包括刚度分布和力学特性。接缝截面相近位置处的剪力键可进行合并处理,但应保证刚度分布和力学特性符合实际情况。③体外预应力钢束可采用预应力钢束单元模拟。④支座单元应反映支座的力学特性;进行非线性时程分析时,支承连接条件应采用能反映支座力学特性的单元模拟。⑤混凝土结构的阻尼比可取为0.05,进行时程分析时,可采用瑞利阻尼。⑥计算模型应考虑相邻结构和边界条件的影响。⑦进行非线性时程分析时,墩柱已进入非线性工作状态,可采用钢筋混凝土弹-塑性空间梁柱单元模拟。

全体外预应力混凝土节段拼装梁桥的地震反应分析可采用时程分析法、多振型反应谱法或功率谱法。时程分析结果应与多振型反应谱法相互校核,线性时程分析结果不应小于反应谱法结果的80%。

在 E1 地震作用下,结构不发生损伤,保持在弹性范围内。节段梁的接缝断面应保持受压工作状态,不允许出现剪力键的脱离,即"接缝开口"现象。

在 E2 地震作用下,体外预应力钢束不发生损伤,允许部分节段梁的接缝断面出现少量剪力键的脱离,即"接缝开口"现象,但不允许同一跨所有节段接缝断面均发生剪力键的脱离现象,且同一个接缝断面发生脱离的剪力键数量不应超过该断面剪力键总数的1/3。地震后,脱离的剪力键应能够再次结合即接缝闭合,节段梁仍能保证整体性,不致使梁体发生严重破坏。桥墩、基础等重要结构受力构件局部可发生可修复的损伤,但要求地震后基本不影响车辆的通行。

剪力键是否发生脱离可采用以下方法进行验算:

(1)验算时取节段梁受力最不利的接缝截面作为验算控制截面,节段间剪力键的工作状态验算按式(5-25)进行。

$$K = \frac{N_{ED}}{A} - \frac{M_{ED}}{W} \geq 0 \tag{5-25}$$

式中:N_{ED}、M_{ED}——地震荷载和恒载最不利组合下的轴压力和弯矩;

A——有效截面面积；

W——截面模量。

表征截面剪力键工作状态的 K：当 $K \geqslant 0$ 时，表示验算控制接缝断面处于全截面受压工作状态，所有剪力键均未发生分离；当 $K<0$ 时，表示验算控制接缝截面部分剪力键已发生分离，即出现"接缝开口"现象。

（2）当验算表明接缝截面发生开口现象时，可提取相应节段接缝断面中各剪力键的受力情况，以确定截面发生脱离的剪力键个数及位置。

此外，对抗震设防烈度为7度及7度以上地区的大悬臂全体外预应力混凝土节段拼装箱梁，应进行横向倾覆验算。

第6章 全体外预应力混凝土节段拼装梁桥工业化建造技术

基于工业化建造的全体外预应力节段拼装梁桥是对节段拼装混凝土梁桥的一大革命。随着结构构造、力学行为的改变,以及在进一步追求工程品质提升的大背景下,这些都要求生产方式要有对应的转变,以满足工业化建造的需求。国内也有不少节段拼装混凝土梁桥的工程实践,但由于其工业化的技术水平较低,综合效益不佳,反而可能造成资源浪费。要想取得良好的综合效益,必须以工业化建造思想为指导,在对结构设计高度标准化的同时,也需要对桥梁的建造模式进行系统改进,以实现工业化建造的要求。

6.1 桥梁工程工业化建造的特点

6.1.1 桥梁工业化建造的基本特征

早在1964年铁道部交通研究室的夏孙丁先生就对桥梁建筑工业化问题进行了归纳,他认为桥梁建筑工业化主要有三方面:设计标准化、构件制造工厂化、施工机械化(夏孙丁,1964)。这一归纳在当时的时代背景和技术条件下,准确地为桥梁建筑的工业化问题给出了诠释。技术在不断进步,时代也赋予了桥梁工程工业化建造新的含义。当前已是信息化社会,信息化已经遍布各行业,信息化也成为技术进步的核心,无论是西方国家的"工业化4.0",还是我国的"智能建造",都离不开信息化技术的支持。因此在新时代下信息化也是桥梁工业化建造的基本要素。桥梁工业化建造的基本特征可总结为"标准化设计、工厂化生产、机械化安装、信息化管理"。

1) 标准化设计

设计是工程的灵魂,标准化设计是实现工业化建造系统的关键,设计的标准化程度直接决定了桥梁建造的工业化程度。标准化设计应该以桥梁结构的基本特点、结构力学性能为基础,充分考虑预制安装施工工艺的要求,以工业化建造的思想为指导,统筹后进行系统设计。标准化设计需要在"构造标准化"和"受力差异性"之间实现良好的平衡,在满足结构受力差异性条件下尽可能实现构件的标准化。

标准化设计是实现工厂化生产的前提,只有实现了构件生产的批量化和标准化,才能真正实现流水化生产,更好地发挥工厂化生产的优势,提高预制生产的效率。因此,标准化设计是桥梁工业化建造的重中之重。

2) 工厂化生产

工厂化预制生产的基本组织方式,是桥梁工程工业化建造的重要环节,预制构件的工厂化生产相当于制造业的零件生产环节,是建造生产环节的基础。工厂化生产是最能体现桥梁工业化建造的生产环节,工厂化生产的水平是最能反映桥梁工业化建造的总体水平。因此,工厂化生产是桥梁工业化建造的重要特征。

工厂化生产应以流水线的形式组织构件的预制生产,通过合理的规划和生产组织,建立构件预制的流水线,以不间断的形式开展预制生产,能够极大地提升预制生产的效率,保证预制生产进度。同时也能实现资源的节约,设备的重复利用,综合能耗的降低,体现工业化建造的诸多优势。工厂化生产将桥梁施工现场作业场内化,高空作业地面化,有效改善了施工作业的工作环境。通过集中生产,为进一步改善工作环境,提高劳动工作者的劳动保障提供了条件;通过集中生产及生产作业环境、作业条件的客观改善,也可提高构件的生产质量,提高结构的耐久性。

此外,工厂化预制生产可以采用先进的自动化操作设备,提高桥梁建造的综合科技含量。通过高效的组织管理,将机械、信息、管理等其他行业的先进成果应用在桥梁工程中,推进桥梁行业的技术进步。

3)机械化安装

机械化安装是配合构件预制生产、共同组成工业化建造方式的重要环节,也是桥梁工业化建造不可或缺的环节。桥梁工业化建造需要将大批量的预制构件移运安装,只有通过机械化设备的应用,才能提高结构安装的效率和品质。机械化安装与工厂化生产相配合,能够实现施工速度快、劳动生产效率高的优势。此外,机械化安装可以利用自动化机械设备的优势,有效提供构件安装的精度,提高构件安装的总体质量水平;也可通过机械化设备的使用,优化劳动力结构,降低人员操作强度,有利于控制桥梁施工的风险水平。

4)信息化管理

高效的生产组织方式需要高效管理模式与其适应,以形成有机的系统,使得生产效率最大化。信息化管理是时代发展的产物,也是最高效和先进的管理模式,因此信息化管理是桥梁工业化建造的重要组成部分,是时代赋予工业化建造的新特征。

通过信息化管理的推进,能够对桥梁建造全过程各环节进行及时、全面、精准的管理,能够更好地指导生产,确保生产各环节流畅、高效开展。信息化管理的应用是将当代的前沿技术引入桥梁建设中,提高了桥梁建造的技术含量,也提高了整个桥梁工业化建造的综合生产力。信息化管理能更好地通过科学管理提高桥梁结构的质量水平,更好地调整生产组织,实现生产资源的最优配置,达到节约成本的效果。信息化管理还可对桥梁建造的结构设计、施工建造、结构质量管控等全过程中关键信息进行精确、完整和延续性的管理,可为桥梁结构的养护管理提供良好的信息支撑,提升桥梁管养水平。

6.1.2 桥梁工业化建造的发展方向

自20世纪70年代以来,我国基础建设处于高速发展时期,桥梁工程的建造速度惊人,相关技术也在不断突破,桥梁建筑工业化方面也取得了一定的进展。反思我国桥梁发展现状,由于建设过程中建设模式较为粗放,管理不足,设计水平尚有不足,虽取得了显著的成就,但尚存在诸多有待改进的地方。桥梁建筑的工业化也有很多不足,如装配式钢筋混凝土板梁、小箱梁、T梁等结构,由于接缝质量控制不足,造成结构整体性不足,影响桥梁的使用性能,甚至影响桥梁的承载能力。但纵观国内外的桥梁建造发展实际情况,实践已经证明工业化建造是桥梁的重要发展方向之一,也是桥梁技术发展不可或缺的重要组成。

在当代技术条件下桥梁工业化又将如何发展呢？本书认为我国的桥梁工业化建造将来的主要发展方向包括：综合效益最大化、结构高度装配化、构件部品化与系列化、建造自动化与智能化。

1）综合效益最大化

随着我国经济水平的不断提高和社会的不断进步,桥梁工程开始注重工程自身综合品质的提升,桥梁的工业化建造也由以往的单一需求向综合需求发展。以往对桥梁工业化的主要需求是建造速度和建造成本,因此在桥梁工业化的过程中主要解决的是如果缩短工期、快速建造以及降低工程造价的问题。桥梁工业化建造的未来发展将不再单从缩短工期和降低成本的要求出发,需同时考虑工程质量的提升、能源消耗的降低、环境污染的减少等要求。由政策导向逐步转变为技术推进,通过技术的进步推进桥梁工业化的发展,以实现综合效益最大化。

2）结构高度装配化

经过最近一轮桥梁工业化建造的新发展,我国桥梁建造的工业化程度已有了显著的提升,但其装配式程度仍有待提高。目前铁路桥梁的装配式主要应用在上部结构,公路桥梁开始探索预制墩柱与盖梁等形式。但由于受到运输条件、连接技术等因素的限制,尚未达到理想的效果。在桥梁工业化未来发展中,将通过结构形式的优化、连接方式的改进、机械设备的发展、施工组织的进步,逐步提高桥梁建造的装配化程度。最终形成包含装配式上部结构,装配式盖梁,装配化桥墩、桥台,装配式基础组成的高度装配化体系。在装配式程度提高的基础上,建造方式会进一步发展,提升桥梁工业化建造程度。

3）构件部品化与系列化

合理的结构形式是推行工业化建造的合理保障。如何选择合理的结构形式进行桥梁的工业化建造是工业化建造中的主要难题之一。

随着近些年我国宏观政策的调整,钢铁产能过剩、钢材价格的降低和去产能的政策要求,钢结构桥梁迎来了发展的新高潮。有人认为装配化钢桥摆脱了投入高、消耗高、污染大的粗放式建造模式,满足节能、环保、耐久、高效的要求,是桥梁工业化建造的主要形式,也是我国桥梁装配式的主要突破点。诚然,钢结构桥梁具有诸多优势,是适应工业化建造的重要桥梁类型,但装配式混凝土桥梁在工业化中的重要地位依然不可忽视。桥梁工业化建造在综合效益最大化目标指导下,必将向着钢结构和混凝土结构的多样化发展,形成适用于工业化建造的系列化结构形式。这种系列化既体现在适用于不同建造条件的各种结构形式组成的工业化建造结构形式的系列,也体现在某种结构形式自身形成的产品系列,覆盖其合理的使用范围。

部品化是适用于工业化建造的各种结构形式可能发展的新方向。所谓的部件化是以"机械制造"的工业化思路指导桥梁的工业化,将桥梁构件进行标准化的拆分,细分为若干定型产品,组成桥梁的各部件均可视为一种定型的产品。通过桥梁构件的部件化和产品化,最终工化建造的桥梁都可由若干定型产品组拼形成桥梁的各部件,进而形成桥梁结构。组成桥梁的定型产品具有高度的通用性,适用于社会化的生产组织方式。

4) 建造自动化与智能化

虽然20世纪50年代西方国家就开始了第三次工业革命,促成制造业向自动化控制下的生产方向发展,我国的制造业也基本实现了自动化覆盖,但桥梁工业化建造距离制造业的工业化尚有差距,桥梁的工业化建造将逐步实现自动化生产、安装,缩短与制造业的差距。目前,德国、美国等发达国家正在开展第四次工业革命,以智能化为目标,中国制造2025也开启了同样的技术革命,因此我国的桥梁工业化发展也必将走向智能化的方向。在未来的桥梁工业化建造中,构件的加工制造、运输、安装各环节的操作自动化程度将不断提高,逐步走向建造过程的自动化。同时在生产各环节的管理、控制、检查、验收等过程中,采用信息化手段和智能化手段,实现桥梁工程建管养全过程智能化建造与管控。

全体外预应力混凝土节段预制拼装梁桥是一种将整体式箱梁沿横向划分离散为预制单元进行预制安装的装配化结构形式,这种结构形式可以避免纵向划分导致的整体性不足的问题,利用工厂化预制提高了节段梁的生产质量,可提升梁桥的综合品质。通过与全体外预应力的结合提高了结构的标准化程度,可适用中小跨径桥梁的布置,可以较好地实现部品化和系列化,是一种能较好适用于桥梁工业化建造的结构形式。

6.2 节段拼装梁桥工业化建造的基本流程

6.2.1 节段预制生产的基本流程

流水化生产线的建立需要在预制生产环节充分细化的基础上规范各生产环节的操作工艺,形成各环节的标准化操作模式。根据节段预制生产的特点,混凝土预制节段生产过程可分解为图6-1所示的18个主要生产环节,在预制生产中可以按照这18个生产环节的先后顺序建立流水化生产线。

6.2.2 节段安装的基本流程

基于工业化建造的全体外预应力节段梁的节段安装工艺可分为桥机过孔就位、节段移运安放、节段定位拼装、体外预应力安装与张拉四个基本环节。为建立标准化的安装工艺,应对安装工艺进行精细划分,形成若干相对固定的生产环节,再对各生产环节进行规范化和标准化。

细化的节段安装标准工艺如图6-2所示,上行式桥机可分为13个标准施工环节,下行式桥机可分为12个标准环节。

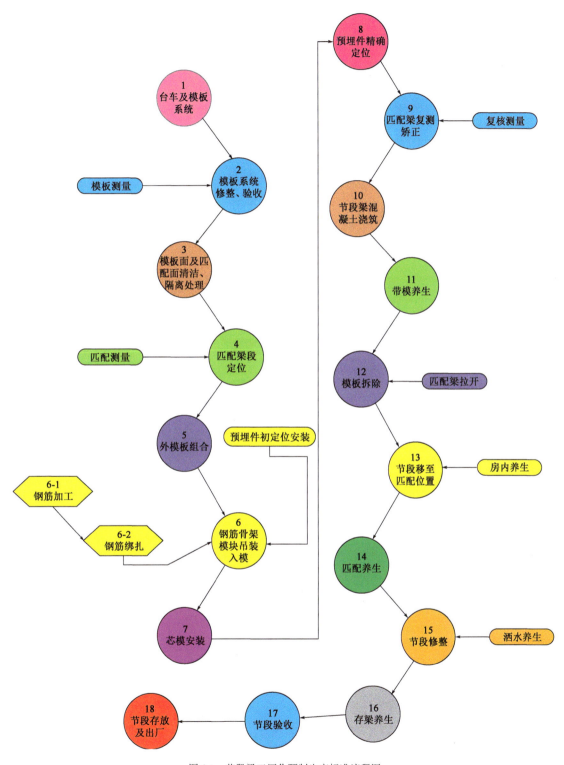

图 6-1 节段梁工厂化预制生产标准流程图

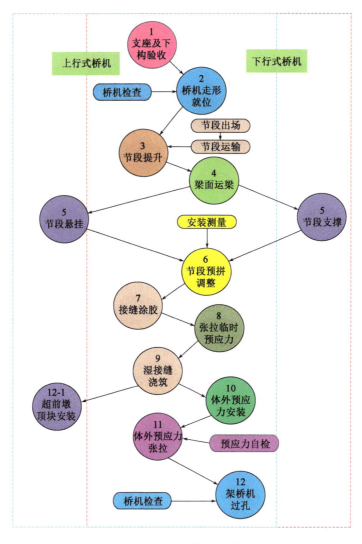

图 6-2　节段安装标准工艺

6.3　节段预制生产关键技术

6.3.1　预制厂标准化建造技术

6.3.1.1　预制场地的总体规划

预制场地建设是装配式结构预制生产的基础，也是影响预制安装施工全过程生产组织是否合理的重要因素。预制场地的建设既应考虑施工的便利性，也应尽可能减小场地建设的总体投资，合理的场地建设应以可持续发展的理论为指导，在满足预制生产的基本要求下实现资源的合理化配置，达到综合效益的最大化。节段梁的预制场地设置应与桥梁架设总体规划相结合,宜设置在节段使用数量较为密集的地区,且应尽量与桥梁架设位置或提梁通道靠近,缩短运输距离,保证构件运输安全,提高构件安装的施工进度。此外,还应考虑大型机械设备和原材料运输的要求,以实现综合能耗最小为选取原则。也可将运输条件便利的位置作为永久性的预制加工厂,实现产业化发展,持续为不同的工程项目供应预制构件,提高场地的利用效率。如中交二航局第四工程有限公司在安徽省芜湖市裕溪口码头建造的预制厂,利用便利的长江水运先后为南京长江四桥、芜湖长江公路二桥(图6-3、图6-4)、浙江鱼山大桥等多个项目供应预制节段,取得了良好的经济效益。

图6-3 芜湖长江公路二桥D1合同段节段梁预制场

图6-4 芜湖长江公路二桥C2合同段节段梁预制场

预制场地的规模应基于生产台座数量、养生存放(简称养存)面积等因素进行科学计算确定。应尽量减少征地范围,优化施工组织计划,减少存放场地,减小临时工程量,节约土地资源。预制场地的规模可以先根据预制总量M、预制工期T、养存周期t、台座生产效率P,按照式(6-1)确定台座数量n。再以养存周期t、台座效率P、台座数量n、养存用地效率s_1按照式(6-2)确定养存面积S_1,同理可确定其他功能区域的用地面积,最终确定总的工、料、机、地等合理用量。

$$n = \frac{M}{P(T+t)} \tag{6-1}$$

$$S_1 = s_1 n P t \tag{6-2}$$

预制厂布置应根据浇筑、养存及运输需要进行统筹规划,合理设置各功能区域。预制厂按功能区域的不同可划分为生活区、存料及配料区、钢筋加工区、钢筋绑扎区、构件生产区、构件存放区、混凝土拌和站、场地运输通道等。预制厂分区应合理、有序,通行顺畅、高效。预制厂地基应根据地质条件和使用分区进行合理处置。

6.3.1.2 预制生产线的布置

预制生产线是预制厂内的主要组成部分,每条生产线包括钢筋绑扎、节段预制养生、节段修整等基本生产环节。生产线的布置主要受到钢筋笼、节段移运条件的影响,尤其是受到移运设备的限制。当前国内生产的节段梁移运设备主要包括搬梁机和龙门吊机,如图6-5所示,对应的生产线布置也有所不同。

a) 搬梁机移运　　　　　　　　b) 龙门吊机移运

图 6-5　节段预制常见移运设备

当移动式龙门吊机作为移运设备时,构件的移运轨迹为直线,故每条生产线内都必须拥有预制生产各环节的操作区域,包括钢筋绑扎区、预制台座、修整台座、存放养生区,故生产线的布置可参照图6-6。这种布置方式下的节段移运方向与生产线方向平行,可称为平行式移运布置。平行式移运布置可选用两种不同的布置方案:第一种方案为单向式布置,依次按照生产顺序布置钢筋加工和绑扎区域、节段预制生产区域、节段存放区;第二种方案为双向式布置,钢筋加工与绑扎区域布置在预制生产线中间,两侧依次布置节段预制生产区域和存放区。

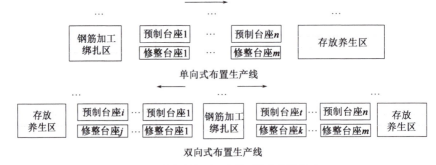

图 6-6　龙门吊机移运条件下的生产线布置

当以搬梁机作为节段移运设备时,节段梁存放区域布置可相对灵活,既可按照图 6-6 的方式布置,也可按照图 6-7 所示的方式布置。图 6-7 所示的布置方式中存梁区与生产线采用垂直布置,可称为垂直式移运布置。垂直式移运布置分为单向式和双向式两种。

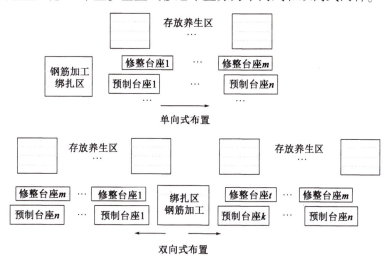

图 6-7 搬梁机移运条件下的生产线布置

具体的生产线布置方式可在以上原则的指导下,根据移运设备情况并结合场地的总体规划确定最优布置方式。

某平行式布置预制场地示意如图 6-8 所示。

图 6-8 某平行式布置预制场地示意图

6.3.1.3 生产产能分析与匹配

各环节生产产能是否合理配置是关系到预制场布置是否合理的关键因素。各环节的产能需要相互合理匹配,才能做到生产资源的最优配置。产能匹配应以各环节生产效率为基础,以目标产能与需求一致性为原则,进行各生产环节的资源配置。影响各生产环节资源配置的主要因素为各类型预制节段的钢筋绑扎效率 P_S、预制养生效率 P_C、修整效率 P_R。

可由标准段的生产总量和标准段预制养生效率,确定标准段的生产台座数量 N,其他各功能区域的工作平台的数量应以节段预制养生效率 P_C 和标准段生产台座数量 N 作为计算基准,可按式(6-3)计算各类型节段的生产台座数量。利用各生产环节能效均衡关系,按式(6-4)计算各环节操作平台数量。

$$N'_C = \frac{N_C P_C}{P'_C} \tag{6-3}$$

$$\begin{cases} N_S = \dfrac{N_C P_C}{P_S} \\ N_R = \dfrac{N_C P_C}{P_R} \end{cases} \tag{6-4}$$

根据芜湖长江公路二桥 20034 榀预制节段的生产经验,在标准化设计和流水化生产的条件下,生产环节的生产效率见表 6-1。其中,冬季节段预制养生的时间受养生措施限制,见表 6-1 给出的工效是芜湖地区气温在养生棚内采用暖风机加热密闭养生措施下的数据。

表 6-1 芜湖长江公路二桥节段预制生产效率统计(单位:d)

节段类型	钢筋绑扎效率 P_S	预制养生效率 P_C	修整效率 P_R
标准段	1	2	0.2
墩顶段	1.8	2	0.5
标准段(冬季)	1	3.5	0.2
墩顶段(冬季)	1.8	3.5	0.5

在确定上文所述影响场地建设的主要因素后,可按照图 6-9 所示的标准规划流程确定预制场地建设方案。

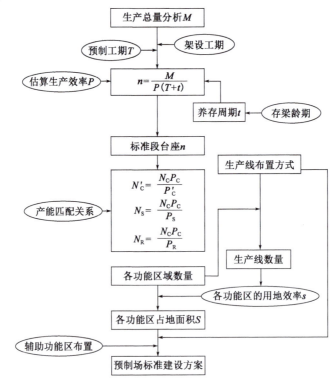

图 6-9 预制场地规划标准流程示意图

6.3.2 预制节段的流水线生产

基于工业化建造的节段拼装梁桥预制生产是在高度标准化的前提下进行的流水化生产作业。建立完备的流水线生产方式是节段梁工业化预制生产的重要保障。流水线的生产是将生产工人按照一定的生产工艺路线在统一的生产速度下,按照顺序连续不断地完成各生产环节操作,实现节段的预制生产。这种生产方式实现了预制生产过程的连续性、平衡性和均衡性,有效提高了预制生产效率,缩短预制生产周期(刘仲康,2005)。通过生产流水线的组建,每个生产环节的生产人员只专注当前环节的生产操作,能够极大提高生产的熟练程度,提升相应环节的生产质量,从而达到整个生产的效率和质量的综合提升。

流水化生产线的建立需要在预制生产环节充分细化的基础上规范各生产环节的操作工艺,形成各环节的标准化操作模式,并进行改进、完善与固化,实现流水线的完善。根据节段预制生产的特点,混凝土梁预制节段生产过程可分解为图 6-1 所示的 18 个主要生产环节,在预制生产中可以按照这 18 个生产环节的先后顺序建立流水化生产线。

当然,由于桥梁构件预制的特殊性,在构件预制生产线建立的过程中不能完全做到与制造业相同的流水线生产模式。制造业的流水线生产中劳动者完全在固定的操作位置完成固定的生产操作,产品自身在流水线上流转,直至完成整个生产过程。桥梁构件预制的流水线生产需在建造业流水线生产基本思路的基础上进行如图 6-10 所示的转变,将"劳动者固定,产品流水移动"转变为"产品有限移动,劳动者流水移动"的流水模式,即各生产环节的操作人员在同类型生产操作平台的不同生产台座之间进行流水化操作,预制节段在不同类型的生产台座之间移动,在同一类型的生产平台处于固定状态。这种流水线的组建方式比制造业的流水线更为复杂。

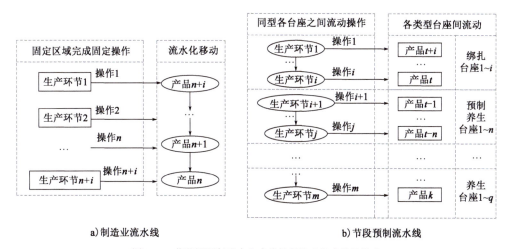

图 6-10 节段梁预制流水生产线较制造业流水线的转变

在图 6-10b)所示的节段预制生产流水线建设总体思路的指导下,需要以各生产环节的生产效率为依据配置生产人员、设备及相应的生产计划。首先,应将各生产环节需相互配合的若干生产人员作为一个生产单元组,作为生产人员配置的基本单元。第 i 个工序每个生产单元组的人数记为 n_i,第 i 个生产单元组的平均生产效率为 P_i。以日产能匹配生产数量 M 为目标,假定每个节段第 i 个生产环节独立完成时间为 t_i,则可按照式(6-5)得到每个生产环节所需最少生产单元组的数量 m_i。

$$m_i = \frac{Mt_i}{P_i} \tag{6-5}$$

在此基础上对每个生产环节各生产单元的工作位置进行合理排布,遇到限制性生产环节,可增加相应生产单元组,即可完成预制流水线的建立。对于生产单元需求量较少,但又属于限制性节点的生产环节,同一工作人员可作为不同生产环节的生产人员,以进一步提高生产效率。

6.3.3 标准化预制生产工艺

建立标准化预制生产工艺是规范预制生产操作、提高生产效率、提升生产质量的重要手段。本节分别从钢筋加工工艺与绑扎、混凝土预制、预制节段养生对节段的标准化预制生产工艺进行探讨。

6.3.3.1 钢筋加工工艺与绑扎

1)钢筋加工与存放

节段的工厂化生产为钢筋工程加工的标准化和自动化提供了条件,钢筋的所有加工工序均可在专用的钢筋加工厂房内完成。厂房的布置应满足原料入场、原料存放、钢筋加工、半成品存放、半成品检验、成品存放等基本功能区域的要求。在钢筋厂房的布置中需考虑以下原则:①原材料入场区应尽量方便运输工具的进入和退出;②原材料堆放应尽量靠近各加工机床,缩短原料加工移运路径;③半成品堆放应靠近转运通道,便于转运加工;④废料区的布置应既方便运输出厂,又便于各机床弃料;⑤人工、原料、半成品的通道设置应宽度合理,方便通行,尽量不与吊运空间交叉;⑥成品存放分类有序,靠近出库通道,与其他转运通道分离,减少交叉作业。以上布置原则可满足各加工环节的要求,达到布置合理、高效的目的。

钢筋自动加工设备(图6-11)具有高效、精密、可靠、管理方便、适合大批量生产的特点,应充分使用自动化加工设备,既能提高生产效率,又能提高加工精度。目前钢筋加工的常用设备均为自动化产品,如数控弯箍机、数控调直机、数控弯钩切断机、数控剥肋滚丝机、数控弯曲与切断生产线等。为提高生产的连续性、降低材料的浪费,对直径14mm以下的钢筋应优先选用盘条调直加工;对于直径16mm以上钢筋的加工,可选用组合控制生产线,联动控制钢筋切割与弯曲机,满足一根钢筋原料可连续加工不同形状钢筋的要求。在施工组织设计时,将不同型号的钢筋进行匹配组合,使得组合后的钢筋总长度接近钢筋原料的单根长度,减少材料浪费。

图6-11 钢筋自动加工设备

工业化生产以标准结构的批量生产为基础,即使单个预制节段内某一型号钢筋的数量为1根,在批量生产后该钢筋的数量也将成百上千。因此工业化生产的钢筋存放可采用"货柜式"存放,如图6-12所示,以提高取用效率。将每种型号的钢筋根据不同长度进一步细分,以完全相同的钢筋进行编号存放。如连续变长度的 N 号钢筋应根据长度不同细分为 $N\text{-}1 \sim N\text{-}i$ 号钢筋,在相邻格档内连续存放,钢筋取料时可按照需求准确取用每种型号钢筋使用,避免同型号钢筋不同长度之间混淆、难辨识、反复取用的混乱现象发生。

图6-12 "货柜式"钢筋存放方式

在以上工艺设计的总体原则指导下,具体生产时应编制钢筋加工操作手册,固化钢筋加工的具体操作要求,形成标准化加工工艺。标准化加工工艺应包括入场检验、原料储备规则、钢筋加工顺序、钢筋存储规则、自动化设备使用规则、半成品及成品检验规则、钢筋移运操作规则等内容,在生产过程中按照标准工艺的规定进行规范化操作,提高标准化程度。

2)绑扎工序的标准化

合理的钢筋绑扎顺序是关乎钢筋笼绑扎效率的关键。在建立标准化钢筋绑扎工艺时,应确定标准的绑扎顺序。合理绑扎顺序的确立应在对钢筋构造分析的基础上进行工艺性试验,总结形成合理的钢筋绑扎顺序,并在前期绑扎过程中对初步建立的绑扎工艺进行优化,形成最优的绑扎顺序,以此作为钢筋的标准化绑扎工序。

此外,也可利用BIM技术对钢筋的绑扎过程进行模拟、研究和优化,以此作为绑扎工序优化的依据。尤其是对钢筋构造复杂的墩顶块,如图6-13所示,采用BIM技术对钢筋的合理绑扎工序进行研究。在建立标准绑扎工序的同时,应对钢筋的构造提出合理的优化,在保障结构受力满足要求的情况下,应充分提高钢筋绑扎的便利性。

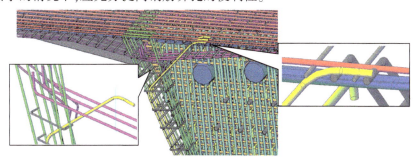

图6-13 对墩顶块钢筋绑扎细节的模拟

以 55m 跨径桥梁的墩顶块为例,利用 BIM 模型对钢筋的绑扎顺序进行模拟,能够直观地观察钢筋的空间位置关系,模拟每根钢筋的安装顺序,得到合理的绑扎顺序,如图 6-14 所示。本书利用 BIM 模型分析为芜湖长江公路二桥节段梁墩顶块的绑扎工艺提供了指导,优化了墩顶块钢筋的绑扎顺序,避免了钢筋二次割焊现象,实现了钢筋全绑扎的加工工艺。

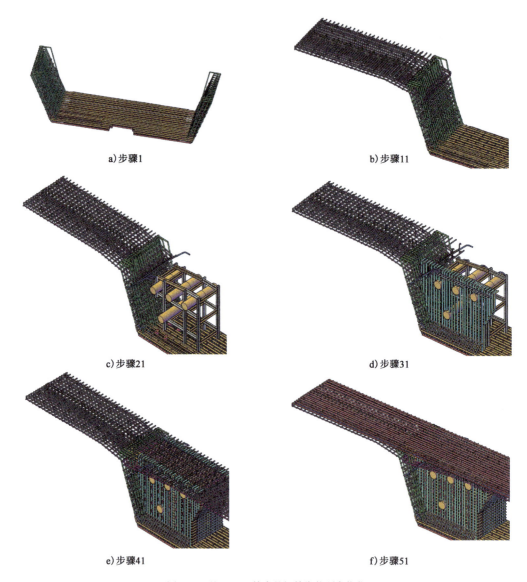

a) 步骤1　　　　　　　　　　　　b) 步骤11

c) 步骤21　　　　　　　　　　　　d) 步骤31

e) 步骤41　　　　　　　　　　　　f) 步骤51

图 6-14　基于 BIM 技术的钢筋绑扎顺序优化

3) 绑扎工艺的标准化

钢筋绑扎应在专用的绑扎胎架上完成,如图 6-15 所示,绑扎胎架的地基要求稳定可靠。绑扎胎架的设置应综合考虑胎架自身的刚度、稳定性,钢筋入胎的便利性,钢筋笼出胎的通透性,胎架定位的准确性等性能与操作要求。支撑胎架的主受力杆件应采用固定式设计,设置在无钢筋入笼工作面的腹板外侧,底板及翼缘板下方。顶板下侧定位支撑横杆应采用活动式,固定于节段两端支撑架。每排钢筋应设置不少于2道带定位卡槽的限位板,以确保钢筋的准确定位、安装。限位板可采用角钢制成,外侧钢筋限位板可与绑扎胎架焊接牢固,内侧钢筋应采用活动式限位板通过铰链与胎架可靠连接。所有活动式支撑杆与胎架的连接均应采用操作便捷、连接可靠的连接构造,既便于拆卸的便利性,又能够满足定位精度的要求。

图6-15 标准化钢筋绑扎

在绑扎过程中应设定过程检验制度,在每层钢筋绑扎完成之后按照规定进行自检,对位置偏差及时校正。节段内横向预应力筋的定位应作为单独的施工环节,由相应的生产单元组完成定位操作。定位操作可采用U形定位钢筋快速定位,U形定位钢筋的间距不宜大于1m,可按照管道的理论形状计算各限位处定位钢筋的形状,利用数控设备精准加工,在定位时只需准确确定U形定位筋,即可实现管道的准确定位。钢筋笼通过验收后,应在顶层钢筋对钢筋笼吊点位置进行标记,便于规范钢筋笼吊运入模。

钢筋的标准化绑扎以确定合理绑扎顺序为基础,对绑扎的每个细节进行标准化规定,如不同型号钢筋入笼的角度,扎丝的绑扎位置、间距、数量,保护层垫块的绑扎要求等。在绑扎过程中执行规范化操作,即可有效实现钢筋绑扎的标准化生产。

6.3.3.2 混凝土浇筑

混凝土浇筑是预制生产的关键环节,节段浇筑需要在专用的预制养生房内完成。节段预制养生主要可分为匹配节段定位、外模安装、钢筋笼吊装、芯模安装、混凝土浇筑、拆模六个关键环节。

其中,匹配节段定位是节段预制线形控制的关键,匹配梁调整定位应由固定的操作人员完成(图6-16),并对每个底模台车的操作进行总结,形成操作手册。调梁过程应分为初定位和精确定位两个子环节,初定位可将梁体的空间位置调整至目标位置偏差2cm以内,再进行精确调整就位,以提高节段匹配调整的效率。此外,底模台车应设置可靠的临时固定措施,减少在合模、钢筋入模等后续操作环节对匹配梁带来的扰动。预制过程中匹配梁的理论定位位置应利用短线法预制线形控制原理,及时考虑对预制误差的计算确定。

外模安装步骤宜分为预合模和合模两个子步骤。预合模环节移动外模,使之靠近固定端模和匹配梁,使得外模与匹配梁基本贴紧。合模环节通过对液压设备的精细控制,使得模板缓慢与匹配梁和端模贴紧。通过两个子步骤的拆分既能有效避免外模安装过程中对匹配梁位置的扰动,也可避免因操作不当对模板及匹配梁带来的机械损伤。芯模安装应在钢筋笼入模后进行,芯模安装应先纵向移动,后打开芯模,芯模打开过程应以固定端模为参考缓慢完成。侧模合模就位如图6-17所示。

图6-16 匹配梁调整定位

图6-17 侧模合模就位

预制混凝土应采用吊罐浇筑,并严格控制混凝土坍落度,坍落度不宜大于15cm。混凝土的浇筑可分两个子环节浇筑,先浇筑底板和腹板底部30cm,后浇筑剩余腹板和顶板,这样的分批浇筑能够确保底板混凝土顶面的收面平整,腹板与底板交界处密实可靠。节段预制混凝土振捣可采用振捣棒、平板振捣器完成(图6-18),振捣棒间距不宜大于20cm。宜对振捣棒插入的位置、插入深度进行标记,以提高振捣操作的规范性。

图6-18 混凝土浇筑与振捣

模板的拆除应细分为拉开和拆除两个子环节,模板拉开过程中应缓慢进行,并应确保模板的移动方向基本与混凝土面垂直,单块模板的拆除应在整个模板均拉开后进行。这种操作可避免拆模过程对混凝土节段棱角造成损伤,匹配梁的分离可采用与模板拆除相同的方式进行。

6.3.3.3 预制节段养生

节段养生分为预制期养生和存梁期养生两个环节。预制期养生在预制房内完成,在节段混凝土终凝后应进行顶面覆盖土工布洒水养生,保持混凝土表面湿润。在模板拆除至移出养生房期间应持续进行预制期养生,该阶段宜对其顶板下表面和腹板外表面进行自动喷淋养生,如图6-19所示,顶、底板上表面可覆盖土工布洒水养生,确保出房前混凝土表面湿润。

节段移出养生房,进入修整台座和存梁养生区期间应持续进行存梁期养生,存梁期养生不宜小于15d,存梁期养生可采用顶面覆盖土工布洒水养生。在节段养生过程中应制订详细的养生制度,包括洒水间隔时间、洒水位置、洒水量等养生要点。存梁期养生工作由养生工人按制度进行操作,避免养生不足带来质量缺陷。

在工业化建造的条件下,通过组建流水线的生产和标准化预制生产工艺,节段预制生产的效率能够得到有效提高。在对中交二航局、中国中铁一局集团有限公司、中铁三局集团有限公司、中铁大桥局集团有限公司四家单位参与芜湖长江公路二桥建设的预制场进行了长时间的跟踪调研和统计分析,得到基于标准化工艺条件下节段预制生产各环节的生产效率,见表6-2。

a) 翼缘板喷淋养生

b) 箱内喷淋养生

图 6-19　自动喷淋养生示意图

基于标准化工艺条件下节段预制生产各环节的生产效率　　　　表 6-2

预制工序	标准块		墩顶块(加强块)	
	时间(h)	人数(人)	时间(h)	人数(人)
钢筋加工	1.3	3	2.5	3
钢筋绑扎	13.0	2	38.0	3
模板修正	0.3	2	1.0	2
匹配梁调整定位	0.3	3	0.3	3
侧模合模安装	0.5	3	0.5	3
涂抹隔离剂(清理模板)	0.3	2	0.3	2
钢筋笼入模	0.3	2	0.3	2
钢筋笼调整(埋件安装)	0.4	2	0.4	2
匹配梁复核调整	0.25	3	0.25	3
芯模安装	0.3	2	3.0	3
混凝土浇筑	2	6	2	6
带模养护	48	0.1	48	0.1
芯模拆除	0.2	2	1	2
外模拆除	0.3	2	0.3	2
匹配梁拉开	0.2	2	0.2	2
匹配梁吊离	0.3	2	0.3	2
现浇梁转为匹配梁	0.3	2	0.3	2
房内养护	48	0.1	48	0.1
节段出养生房	0.4	2	0.4	2
节段修整	1.5	1	4	1
移运至养存区	0.4	2	0.4	2
存放区养护	360	0.02	360	0.02
节段验收登记	0.2	2	0.2	2

6.4 节段安装关键技术

节段拼装桥梁建造的工业化程度主要由设计的标准化程度决定,只有高度标准化的设计,才能充分体现节段梁的工业化建造优势。如何提高设计的标准化是工业化建造在设计环节需要解决的关键问题。

6.4.1 架设方式的选择

桥面起重机悬臂架设拼装如图 6-20 所示。目前节段梁架设拼装的方式主要包括逐跨架设拼装和悬臂架设拼装两种形式。逐跨架设(图 6-21)是将一跨节段均悬挂于架桥机上,逐节段拼接,再张拉全跨范围内的预应力钢束,最后进行落架。这种架设方式可与简洁的体外束配置方式相适应,无须布置过多的负弯矩钢束,是最适应于工业化建造的架设方式。但由于需要将全跨范围内的节段均支撑于架桥机上,对架桥机的承载能力有较高的要求。悬臂架设(图 6-22)则是将节段逐榀起吊、拼装、张拉预应力、解除桥机支撑,全跨施工完成后再进行通常束的张拉。这种施工工序对架桥机的承载能力要求较小,但需要配置大量的负弯矩钢束,预制节段种类多,钢束配置复杂,不利于节段梁的工业化建造。

图 6-20 桥面起重机悬臂架设拼装示意图

图 6-21 架桥机逐跨架设拼装示意图

图 6-22 架桥机悬臂架设拼装示意图

逐跨架设法的施工现场如图 6-23 所示,根据架桥机主桁与节段的位置关系可分为上行式架桥机架设和下行式架桥机架设两种方式。上行式架桥机的主桁位于主梁节段之上,架设时跨内节段先悬挂于桥机主桁下方,后逐段定位拼装。这种架设设备的优点是对桥下净空无要求,具备架设过程中节段线形整体微调的条件;其缺点是墩顶块架设较为复杂,节段悬挂施工无安全通道,操作安全风险较高。

a) 上行式架桥机架设

b) 下行式架桥机架设

图 6-23 逐跨架设法施工现场图

下行式架桥机的主桁位于主梁节段之下,架设时跨内节段先支撑于架桥机主桁上方,后逐段定位拼装。这种架设设备的优点是墩顶块安装操作简单,架设效率略高于上行式架桥机的架设效率,节段安装均有安全通道,操作安全风险低;其缺点是对桥下净空有一定要求,与桥台衔接难度大。架设设备的选择应综合考虑架设地貌、工期要求、安全风险等因素,在条件允许的情况下可优先选择下行式架桥机。

6.4.2 节段安装的标准化工艺

1) 节段运输与安放

在工业化建造中施工方式的选择既要满足施工的便利性,又应尽量利用机械化拼装施工的优势,减小临时设施的建设,降低对环境影响,体现工业化建造的环保优势。因此,预制节段的喂梁方式应优先采用"尾部喂梁",预制节段可利用提升站提梁至梁面,再利用运梁车在梁上运输至架设作业处安放。这种架设方式可以避免运输道路修建对环境的影响,且架设工作不受地形地貌的影响,能够按照既定生产计划顺利开展架设工作。

当预制场至提升站区段的运输路线受限,使得节段运输成为节段梁架设的控制性因素时,在提升站应优先配置移动式门式起重机提升,使得提升站具备存梁功能。存梁方式可采用地面存梁,也可采用桥面存梁。通过这种方式能消除节段运输对施工的限制,确保流水化作业的顺利进行。节段安放工艺与架桥机的形式有关,上行式架桥机的节段安放通过吊带悬挂于架桥机主桁上方,吊放的顺序为由后向前依次吊挂。下行式架桥机的节段通过托架支撑与主桁上方,吊放顺序由前方向后方依次安放。

节段运输与安放可采用图6-24所示的标准化流程。

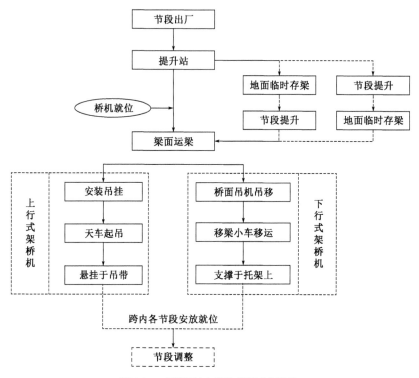

图6-24 节段运输与安放的标准化流程

2) 节段调整与拼接

节段调整与拼装可分为"支撑转换、节段预拼、调梁对位、节段纵移、接缝涂胶、纵移拼接、临张挤胶、转移支撑"八个标准环节。先将拼装节段的支撑由吊带(或托架)转移至调梁装置,利用调梁装置将调整节段与已拼装的相邻节段进行预拼,并根据拼接指令进行调整。在调整满足要求后保持节段平面和高程不变,将梁体沿着纵桥向拉开,接缝胶体涂抹均匀后,再将节段平动移回预拼位置,通过临时预应力张拉将拼装节段与箱梁节段挤紧。最后将节段重量由调梁装置转移至吊带(或托架)。

调整与拼装过程中需重点控制节段调整精度和接缝施工质量,节段调整应有固定人员操作机械设备,以提高调整效率。接缝胶黏剂涂抹时(图6-25)可对涂胶总量和涂胶均匀性两个指标进行控制,并应严格控制涂胶时间及涂胶与临张预应力的时间间隔。临张预应力的控制应确保断面胶体承受的压应力不小于 -0.3 MPa,临张预应力的张拉(图6-26)应配合线形控制的要求,并应准确考虑临张锚固对张拉力的损失。

节段调整与拼装可按照上述工序形成标准化操作,将各环节的操作要点进行固化,形成标准工艺,指导节段调整与拼装。

3) 体外预应力施工

体外预应力施工是全体外预应力节段拼装梁桥施工的重中之重。虽然体外预应力施工工艺会由于无黏结钢绞线的类型不同而略有差别,但主要工艺基本相同。体外预应力施工可分为"钢绞线下料、钢绞线安装、钢绞线张拉、索力检验、附属设施安装"五个标准环节。

图 6-25　接缝胶黏剂涂抹

图 6-26　临时预应力的张拉

钢绞线下料(图 6-27)可在已安装梁面上完成,下料时应做好钢绞线护套的防护工作,避免下料过程对护套带来损伤。对于有 PE 外护套的无黏结钢绞线下料完成后需剥除两端进入锚具防护区段的 PE 护套,对剥除长度应进行准确计算,确保剥除区段均进入锚具的密封防护范围,避免对其防腐性能造成损伤。钢绞线单根张拉如图 6-28 所示。锚具的防护区特点及 PE 剥除长度可按照图 6-29 所示的关系进行控制。

图 6-27　钢绞线下料

图 6-28　钢绞线单根张拉

体外束张拉应合理分级、对称张拉,张拉顺序宜先腹板后中间。分级张拉的原则是尽量消除弹性压缩对先张预应力的影响,同时满足各级张拉的引伸量不小于夹片锚固长度的 2/3,避免重复锚固出现滑丝或疲劳损伤。张拉设备宜采用单股千斤顶进行张拉,要求设备性能稳定,精度不低于 0.4 级。体外束各钢绞线索股之间的均匀性宜控制在 ±3% 以内,总索力偏差应满足设计要求。张拉时使用的限位板槽口深度应满足锚固厂家的要求,确保张拉过程中夹片锥角处于打开状态,并应对夹片回缩损失进行准确控制。张拉完成应及时对体外束的锚下应力进行抽检,满足要求后方可进行封锚、减震器等附属设施的施工。

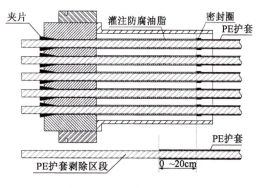
图 6-29　锚具防护示意图

第 7 章　信息化综合管理技术

随着软硬件技术的发展,信息化技术在20世纪90年代中期进入全新阶段,20余年来,在底层需求的推动下,信息技术得到了跨越式发展,提出了以物联网、云计算等新一代技术类型。在这个背景下,诞生了工业化与信息化融合的概念,并且积极推动了各行业底层技术的研发。桥梁工程工业化建造模式引入信息化管理方法是必经之途,对于提升桥梁工程品质、节省建管养成本有着重要意义。

本章针对适用于节段连续梁工业化建造模式的信息化综合管理平台的研发与应用技术进行研究。首先分析了信息化管理与工业化建造融合的客观需求;然后开展了信息化综合管理平台的研发工作,基于需求分析架构系统框架,示例研发过程及应用优势;最后对信息化系统核心技术——建造质量控制的大数据技术进行研究,针对关键管控内容提出控制指标,开发深度算法提高管控精度。

7.1　信息化管理与工业化建造

7.1.1　工业化建造对信息化管理的需求

信息化管理的需求是由工业化建造技术的内在特性决定的,根据分析,该需求主要有如下三点:

(1)传统管理体系制约了工业化建造的发展,信息化手段是降低管理风险的必然要求。

工业化建造是提升建造质量、建造效率的前沿技术手段,具体体现在全面革新了建造技术,在生产流程重组再造过程中带来了管理上的压力。传统管理体系本来就存在信息隔阂严重、人因所占比重大、管控风险高等缺陷,加之工业化建造提高了对质量、安全的控制要求,传统管理体系必然会制约工业化建造技术的发展,只有引入信息化手段,将人因比重进一步降低,才能适应工业化建造体系的目标要求。

(2)工业化建造模式对生产流程再造细分,可能带来管理成本的显著增加,信息化管理是降低成本的内在需求。

工业化建造的外在表现在对生产流程的再造、对生产工序的细分等方面,由此产生的监管类信息呈现爆炸式增长趋势,对这些信息的处理提出了较高的精度与效率要求。尤其在大型工程项目中,单个环节信息难以消化,各环节之间的信息难以磨合,此类问题可能带来的管理成本的显著增加。只有引入信息化管理方式,且深度优化核心技术,才能在管理风险与管理成本之间取得最佳平衡。

(3)工业化与信息化技术全面融合,外在制度以及技术趋势驱动桥梁工程的信息化技术发展。

工业化与信息化的融合是有时代特点的,从战略角度出发,我国早在2007年"十七大"时已经提出推进两者融合的发展战略。党的十九大也提出进一步增强做好网络安全和信息化工作的责任感和使命感的要求,对信息化工作进一步推进指明了方向。作为交通基础设施的桥梁工程,不仅服务于这些行业的发展,对于自身的技术融合也提出了更高的要求。建造技术的蓬勃发展以及外在制度环境倾斜都为桥梁工程的信息化技术提供外在驱动力。

7.1.2 信息化管理的优势与特点

信息化管理应用于工程建设的直接优势为精度、效率及经济性,潜在优势表现为促进工业化建造技术的完善、为管养提供翔实的数据基础。

(1)消除人因误差,提高管理精度

信息化采用标准的信息处理流程,以云计算取代人工完成信息的检验、加工、传递以及输出等工作,可以完全消除这个过程中产生的人因误差,提高管理精度。

(2)加速信息流转,提高管控效率

信息化主要采用"互联网"与"终端"组合的方式进行信息的录入与发布。伴随着信息渠道的拓宽、智能终端硬件的发展以及4G技术的应用,信息流转具有"即时性"特征,节省信息交换时间,极大地提高了管控的效率。

(3)减少人工投入,具有显著的经济性优势

信息化技术通过智能化与云计算,一方面可以取代部分人工任务,另一方面通过提高工作效率的方式提高个人生产力,可以节约建设单位、监理单位及施工单位对管理层人力资源投入,对于工程建设来说,具有显著的经济优势。

(4)易于暴露技术问题,促进工业化建造技术的完善

桥梁工程运用工业化建造经历技术架构期、实践期及成熟期。在架构初期信息化与工业化技术是相互磨合的,融合各工序环节的信息时,能够通过数据冲突反映工序中存在的问题,进而推进建造技术的完善与发展。

(5)数据库完整性高,为管养提供数据基础

信息化主要采用云存储的方式,记录产品的质量信息,且可以追溯制造过程信息,数据库的完整性高,为运营期的管养提供数据基础,信息化技术对于建管养一体化具有重要意义。

7.1.3 短线法预制安装节段拼装梁桥的信息化管理

借鉴我国工业化与信息化融合的主要技术方法,对短线法预制安装节段拼装梁桥的信息化管理技术开发进行规划。

从提高管理效率的需求出发,提出采用"互联网+"的模式,该模式将技术人员与管理人员通过终端连接起来,实现信息的即时传递与快速分享。

从提高管理精度的需求出发,提出采用云计算与大数据技术。云计算可以实现大部分数据的审核与加工工作,避免该环节的人因误差;大数据技术通过深入挖掘,暴露制约精度的薄弱环节,通过工艺改进,提升建造品质。

在信息化技术方向确定后,结合预制生产与架设安装信息流转特征,开展面向用户的互联网平台研发工作,开展核心算法的构建与编译工作,技术开发路线如图7-1所示。

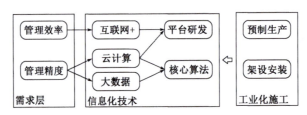

图 7-1 技术开发路线

信息化管理技术在开发完善后,将成为预制安装节段拼装梁桥的工业化建造技术的重要组成部分。信息化综合管理平台研发应遵循模块化策略,便于根据桥梁结构形式差异进行修正、调整与重塑,对于我国工业化建造技术发展具有较强的助力作用。

7.2 信息化综合管理平台研发

根据信息化综合管理平台技术开发路线,开展信息化综合管理平台的研发工作。本节首先建立信息化综合管理平台的基本框架,细化工业化建造信息化综合管理平台的角色、功能、管控信息与流转方式。根据节段梁工业化建造需求规划数据类型、流转模式,然后介绍了信息化综合管理平台的主要功能及实现途径,最后以工程应用进行示例。

7.2.1 信息化综合管理平台的基本框架

7.2.1.1 平台总体框架

根据模块化开发策略,将信息化综合管理平台分为角色管理、录入、数据库、算法子程序、功能转译、可视化等信息输入、输出,共 6 个模块(图 7-2)。

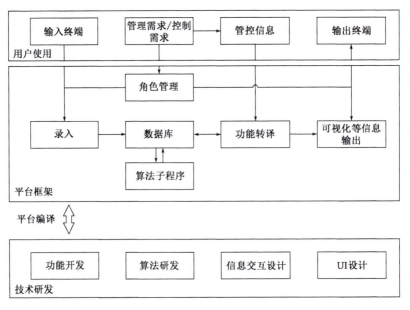

图 7-2 技术开发路线

其中，数据库模块为最为重要的模块，数据库包含了所有的角色信息、输入信息、加工并输出的信息以及维持系统信息流转的各种辅助信息。数据库的数据组成直接对应管控信息，存储模式及规模则由功能需求决定。

信息的录入与输出模块分别连接对应终端，由参建各单位根据角色权限在端口负责相应的维护工作。

算法子程序是将技术研究的算法成果编译进入信息化综合管理平台，其主要调取数据库中的录入信息进行计算，并将加工后的信息反馈数据库，算法子程序包含自运行以及用户激活运行两类。

功能转译模块，是基于信息交互设计编译得到的，其以提升效率、凸显关键信息为主，将管理需求转译为功能区块，并制定其中信息的调配原则。

可视化与输出模块，是基于定制 UI 设计给出的，将各功能模块具象化，提供可视信息或相关数据报表的下载工作。

信息化综合管理平台框架核心部分为数据库与功能转译，其形成及演化完全依附于工业化建造的技术特征，适应建造功能需求，并起到检验工业化建造技术的作用。本章所阐述经研发的信息化综合管理平台，主要满足节段预制拼装连续梁的质量与进度控制需求，并在实际应用中进行完善。

信息化综合管理平台的完善主要包括两部分内容，首先是在与建造技术磨合的过程中，对信息流转的逻辑性、精度进行检验，对模块功能效果进行检验，通过应用，逐渐优化计算方法；其次是建设单位、监理单位、监控单位、施工单位等多用户参与的过程中，吸收用户意见，对功能转移模块、交互设计模块进行优化。

7.2.1.2 平台角色设定

信息化综合管理平台纳入参与信息管理的各单位，建立对应的用户角色，分配相应的权限和职能。在节段预制拼装连续梁的工业化建造信息化综合管理平台中，除系统管理员外，主要创建了建设单位、设计单位、监理单位、监控单位、施工单位、检测单位，共六个用户角色［图 7-3b)］。

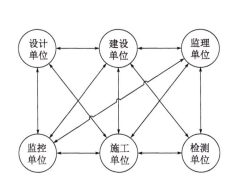
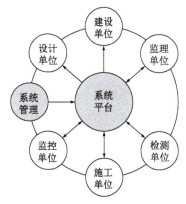

a) 传统角色之间信息交换　　　　b) 平台角色之间信息交换

图 7-3　角色设定及信息交换图

传统的信息交换模式中,由各单位点对点之间进行信息交换,存在效率低、隔阂程度高等问题,主要的交互方式如图7-3a)所示。在信息化综合管理平台中,用户之间的技术信息交流由该平台完成,常规信息交流则由线下完成。

系统平台中收集了建造过程的全部管控信息,系统平台根据用户管控信息差异设置不同的权限,实现不同用户访问不同的信息类型。系统平台保障了信息的全面性,也显著提高了用户之间信息交换的效率。

7.2.1.3 功能模块划分

节段预制连续箱梁的功能模块包含基本模块、质量模块、进度模块与信息可视化模块四大类型(图7-4)。其中,基本模块包含数据录入、数据维护、数据检索以及短信管理等基本模块,这些模块的样式根据对应操作进行设计即可。以下对关键的质量模块、进度模块与信息可视化模块分别进行介绍。

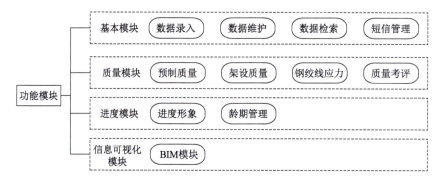

图7-4 功能模块及子模块组成图

(1)质量模块

质量模块包含预制质量、架设质量、钢绞线应力与质量考评四个子模块。

①预制质量主要展示各节段的预制时间信息、线形信息、断面信息等。

②架设质量主要展示各节段的架设时间信息、工艺信息、线形信息等。

③钢绞线应力主要展示各孔钢绞线的张拉时间、应力控制过程的信息及应力检验过程的信息等。

④质量考评:开发质量指标统计算法,对质量控制的稳定性进行阶段性评价,为管理单位和施工单位提供管控辅助。质量考评中主要包括阶段性的线形偏差统计及索力偏差统计。

(2)进度模块

对于工业化建造来说,效率与进度一直是关键的控制指标,工序分析表明,影响节段预制进度的主要因素可能有材料不足、设备损坏、管理不善等,除此之外,还可能有节段预制安排不合理导致的龄期不足。

进度模块根据功能需求提出了进度形象与龄期管理两个子模块。进度形象主要是采用形象方式示出节段预制与架设的进度,并将已完成节段的精度等高维数据以不同颜色示出;龄期管理则在形象图中以不同颜色代表龄期等级,示出每个节段的龄期现状与安装时刻的龄期情况。

进度模块不仅便于管理方查看当前进度情况,还为预制与架设两个工序的协调提供参考工具。

(3)信息可视化模块

信息可视化模块主要是指 BIM 模块,无论是对于桥梁工程还是对于工业化建造本身,BIM 技术都是未来的发展主流,采用 BIM 技术可以进一步提高信息的交换、融合与演化的速率,推动交通基础设施服务品质的进一步提升。信息化综合管理平台研发时,对 BIM 技术的应用作了初步的探索,同时该功能的开发对信息化综合管理平台的功能强化具有战略意义。

本次开发的 BIM 模块主要将管控信息与桥梁空间模型进行融合,通过在线操作三维模型获取质量与进度信息。基于 BIM 的信息可视化为管理提供强大的助力工具。

7.2.1.4 管控信息的规划

根据各功能模块对信息的需求规划信息类型,并对信息关系进行明确,如图 7-5 所示。

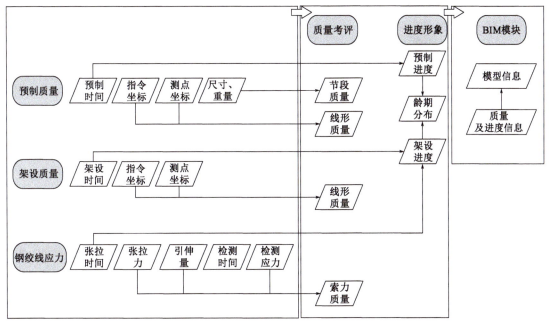

图 7-5 各模块管控信息的规划

其中,预制质量、架设质量及钢绞线应力的信息位于底层,由监理单位和施工单位负责数据的录入,由监控单位负责信息的加工。

预制质量信息包括预制时间、指令坐标、测点坐标及尺寸、重量等信息;架设质量信息包括架设时间、指令坐标、测点坐标;钢绞线应力信息包括张拉时间、张拉力、引伸量、检测时间及检测应力等信息。

底层信息经过信息化综合管理平台算法处理,形成质量考评与进度形象信息。质量考评管控信息包括节段质量信息(由尺寸与质量误差评估获得),预制与架设两类线形质量信息(由测点与指令误差评估线形偏差后获得),索力质量信息(由张拉力、引伸量、检测时间与检测应力相互校核获得)。

BIM 模块中引入模型信息,实现对节段拼装箱梁的全桥、局部节段及钢绞线的三维化视图,同时加载质量考评与进度信息,实现对管控内容的可视化。

7.2.1.5 信息流转方式的设定

信息流转是指信息在用户之间的流转方式,其由工业化建造模式决定,在参建各单位约定后,在信息化综合管理平台中设置权限并设定信息转发的触发条件实现。

在节段预制连续箱梁工业化建造中,主要采用的信息化流转方式如图7-6所示。其中,建设单位可对控制信息进行查看,直接将相关管理意见或决策以文件形式反馈至各单位;设计单位通过查看控制信息,对设计意图或技术细节进行把关,若出现不符合的情况,及时反馈至建设单位,由建设单位对生产模式进行调整。

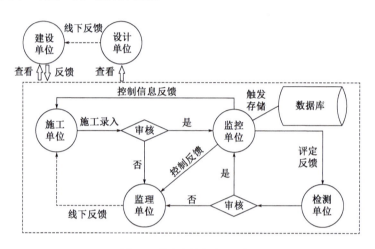

图7-6 信息流转方式的设定

信息的产生以及流转大多发生在建造过程中,施工单位负责将施工信息录入,由信息化综合管理平台对信息的逻辑进行审核。若信息出现错误,将反馈至监理单位,由监理单位与施工单位共同对信息进行校验,若信息无误,则由监控单位对信息进行加工,给出控制信息,同时触发存储,将施工信息、控制信息存入数据库。

对于钢绞线应力的检测评估遵循相似的流程,由于检测单位有一套完整的数据检验流程,故其审核时针对应力允偏的情况,在与设计索力出现较大偏差时,由监理单位根据信息与施工方对施工过程进行检验,在偏差合理的情况下,由监控单位对钢绞线应力状况进行评定,并将评定结果反馈至各单位及数据库中。

7.2.2 信息化综合管理平台的主要功能

7.2.2.1 施工基本信息管理

施工基本信息(图7-7)管理是指将传统的施工过程中产生的各类信息电子化,以云存储的方式建立完整的数据库,实现全程施工细节可检索以及信息的可溯源。

在7.2.1.3一节中,已经对用于质量模块的信息进行介绍,本节将从基本信息管理的角度对存储的信息进行全面汇总,对信息子项进行详细介绍。

基本信息来自设计单位、施工单位、监控单位、监理单位、检测单位及其他各单位。其中,设计单位提供设计基本信息,包括线形设计、结构设计、配筋或配束设计等方面的信息。

施工单位在预制阶段上报预制时间、工艺控制、测点坐标、尺寸与质量等基本信息。工艺控制主要包含预制台座、模板情况、预制顺序等;预制测点坐标主要包含当前梁实测坐标以及匹配梁的最终位型坐标,施工单位在架设阶段上报架设时间、工艺控制、测点坐标等基本信息;工艺控制涉及架桥机型式、架桥机编号、架设顺序等方面的信息,架设测点坐标则包含拼装后、张拉前、张拉后的坐标及铺装后的高程等。将钢绞线张拉阶段单独考虑,上传的基本信息为张拉时间、张拉力以及引伸量,对于多次张拉的情况,应上报每一次的张拉情况。

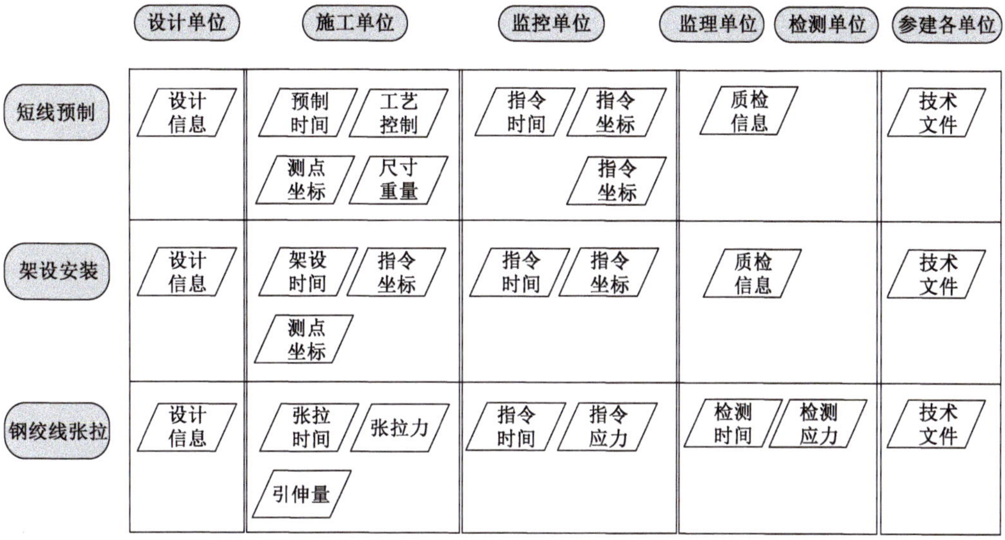

	设计单位	施工单位		监控单位		监理单位	检测单位	参建各单位
短线预制	设计信息	预制时间	工艺控制	指令时间	指令坐标	质检信息		技术文件
		测点坐标	尺寸重量		指令坐标			
架设安装	设计信息	架设时间	指令坐标	指令时间	指令坐标	质检信息		技术文件
		测点坐标						
钢绞线张拉	设计信息	张拉时间	张拉力	指令时间	指令应力	检测时间	检测应力	技术文件
		引伸量						

图 7-7 施工基本信息

监控单位提供的信息主要是指令信息,包括提供指令的时间、预制阶段指令、架设阶段指令及预应力张拉控制指令等。

监理单位主要提供质检信息;检测单位主要提供索力检测信息;参建各单位,包含建设单位,都可以提供相关政策文件及技术文件等。

7.2.2.2 短线预制线形控制

短线预制线形控制功能由相应控制模块完成,根据工艺控制需求,对模块中的流程及技术本身进行开发,详见图 7-8。

首梁预制完毕后,由施工单位录入测点坐标信息;监控单位对坐标信息进行审核,判断测点安装是否出现异常,计算主梁空间线形,调取设计线形,以内嵌算法计算预制指令,由监控内部审核后,发送预制指令。

施工单位收到预制指令后,进行现场的预制施工,反馈匹配阶段的坐标信息,包括匹配梁匹配后的坐标、新浇筑节段浇筑完毕的匹配梁的坐标、新浇筑节段的坐标。监控单位收到反馈信息后,计算主梁空间线形,对线形误差进行估计,对误差级别进行审核,在误差较大的情况下,可能需要重新预制;误差较小时采用一次调整方法,误差偏大时可采用分段调整方法,两种方法由监控内部不同级别的人员进行操作;指令计算完毕后,经过内部审核下发。

施工单位下载指令信息,进行后续梁段的预制,循环如上流程直至尾梁;监控单位收到尾梁数据后,计算主梁线形,进行线形误差估计,终止此序列的预制施工。

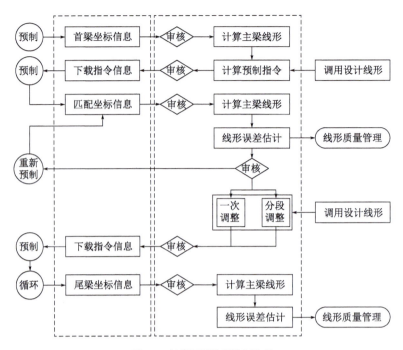

图 7-8 短线预制线形控制流程

将线形控制嵌入信息化综合管理平台(也称为平台),可将数据审核以及指令计算交由信息化综合管理平台完成,由于实际施工中可能产生各种异常情况,线形控制的关键问题在于对误差、错误的判断。平台研发时提出了云计算与人工审核制并行的策略,由服务器通过固定算法给出误差的估值以及指令估值,低等级误差由低权限角色直接处理,高等级误差由高权限角色处理。并行机制可以将对平台效率产生的影响最小化,提高平台的精确程度。

7.2.2.3 节段安装线形控制

节段安装线形控制流程是根据整孔架设的技术特点制定的,控制流程如图 7-9 所示。

段线预制结束后,节段之间相对位置已经确定,其理论架设线形即已确定。由施工单位申请架设指令,监控单位首先计算墩顶块的架设指令,由施工单位下载再执行。

在墩顶块架设完毕,施工单位反馈墩顶块实际架设数据,由监控单位对误差进行审核,计算实际安装的线形,然后以减小错台为原则,对跨内整孔梁的线形进行调整,计算跨内各节段的架设指令,经由内部审核后发送施工单位。

施工单位在跨内节段拼装时,对指令数据进行检验,若发现存在较大误差,可在拼装过程中及时反馈数据,由监控单位对数据进行审核,对跨内节段误差产生的原因进行分析,对跨内节段的指令进行调整。

循环如上过程,直至架设完毕,由施工单位反馈最终数据,由监控单位审核后,对各节段的实际安装线形进行分析,形成最终线形数据。

架设过程中指令计算采用空间坐标系变换方法,其关键难点在于中间节段误差分析上,大部分误差是由预制阶段或架设节段的测量误差引起,可以通过预制、架设数据相互对比给出平台中的算法误差估计结果,优化线形。

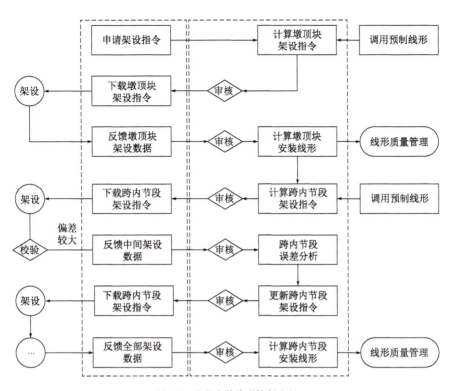

图 7-9 节段安装线形控制流程

7.2.2.4 体外束应力控制

体外束应力是结构全寿命周期安全性的主控要素,因此将应力控制过程以及抽检计入信息化综合管理平台,流程如图 7-10 所示。

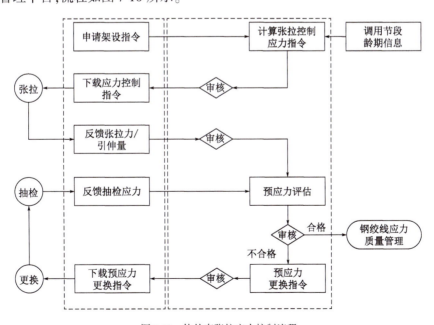

图 7-10 体外束张拉应力控制流程

在架设指令申请后,监控单位除给出架设坐标外,也可以根据节段龄期情况,在预先设置好的应力控制方案中选择适配方案,给出相应的应力控制指令;施工单位下载应力控制指令,执行现场张拉,反馈张拉力及引伸量。

对张拉力和引伸量进行审核后,结合抽检反馈的抽检索力,对预应力进行评估。评估结果合格的情况下,将相关计算指标引入钢绞线应力质量管理过程中;在不合格的情况下,需要对预应力钢绞线进行更换,提出更换方案,经监控单位内部审核后,发送施工单位,由施工单位进行钢绞线的更换,以此循环。

7.2.2.5 流程管理

信息化综合管理平台完整记录信息流程,采用用户名和密码控制的方式取代纸质报表的签章制度,加速了信息的流转速度,也便于信息流的追溯,流程管理示意如图 7-11 所示。

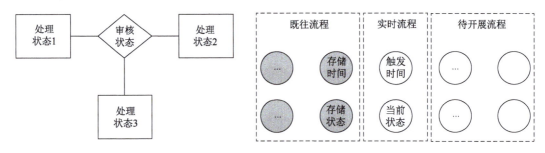

图 7-11 流程管理示意图

信息所处状态分为处理状态与审核状态两类。其中,处理状态是指数据已经上传、数据已经加工等状态。

流程则包含既往流程、实时流程与待开展流程三项。实时流程显示当前状态时,同步会对下一流程进行提示,例如"数据已上传待审核"。在下一流程完成后,会显示触发时间,更新状态信息,并将原状态作为历史,固化相关信息。

此外,流程管理中增加了短信提醒功能,在信息审核或更新时,会触发短信提醒功能,将预设的消息发送至手机终端,以提醒用户进行信息的维护工作。

7.2.2.6 质量管理

质量管理主要针对预制线形、架设线形及体外束应力而开展,其主要考核指标及呈现方式见图 7-12。

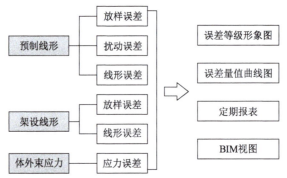

图 7-12 质量管理内容及呈现方式

(1) 预制线形

预制线形主要对放样误差、扰动误差、线形误差进行分析。放样误差是指匹配节段匹配就位时与指令之间的偏差,其反映放样精度;扰动误差是指现浇节段浇筑后,匹配节段在这个过程中发生的摆动值,其反映台座或浇筑过程的稳定性;线形误差是指短线匹配预制后的线形与设计线形的差值。

(2) 架设线形

架设线形主要对放样误差、线形误差进行分析。放样误差是指胶拼过程中,已胶拼节段的实测值与指令值之间的偏差,其反映胶拼工艺的精度;线形误差是指整孔胶拼结束后,实测线形与指令线形之间的偏差,其反映最终控制线形的精度。

(3) 体外束应力

体外束应力仅包含应力误差一项,其由检测后通过模型计算评估获得,反映结构与设计状态之间的差异。

质量管理的呈现形式主要有误差等级形象图、误差量值曲线图、定期报表以及 BIM 视图。误差等级形象图,是将桥梁形象图绘制于信息化综合管理平台中,在已施工完成节段的节段中填充不同色块,以颜色区分误差等级。误差量值曲线图,是以曲线形式直接示出平面误差与高程误差沿桥跨的分布状态。定期报表是对阶段性的误差进行总结,生成固定的报表,便于对误差水平、发展趋势进行分析。BIM 视图则以三维视图形式,将质量表单与具体构件关联,提供面向用户更为友好的交互界面。

7.2.3 信息化综合管理平台的工程应用

7.2.3.1 平台应用概况

信息化综合管理平台应用于芜湖长江公路二桥引桥及接线工程的全体外预应力节段预制拼装连续箱梁工程中。节段拼装梁桥所占线路里程数为 27.8km,由于采用双幅形式,节段拼装梁桥全长为 55.6km。节段梁共有 4 种标准的桥宽与桥跨的组合形式,节段数量为 20034 榀,张拉钢绞线 34.1 万根。由于制造、安装体量较大,共分 4 个合同段同时施工,管理单位为建设办、总监办以及 4 个合同段对应的监理单位,由 1 家监控单位提供全线监控技术服务,1 家检测单位提供钢绞线应力检测服务。汇总各单位的管理需求及使用建议,优化系统平台,应用效果良好。图 7-13 所示为信息化综合管理平台的主控界面截图。

a) 登录界面

图 7-13

b) 桌面

c) 首页

图 7-13　信息化综合管理平台的主控界面

由于各单位职责不同,分配的功能权限也有较大差异,根据权限差异激活不同的操作模块。图 7-14 示出了用户可查看信息及信息维护的相关界面。

a) 后台信息

图　7-14

第7章 信息化综合管理技术

b) 信息维护

图 7-14 用户界面

7.2.3.2 平台应用效果

对平台信息管控中的关键功能进行介绍，图 7-15 示出了误差报表、进度形象、线形高程、龄期形象功能界面截图。

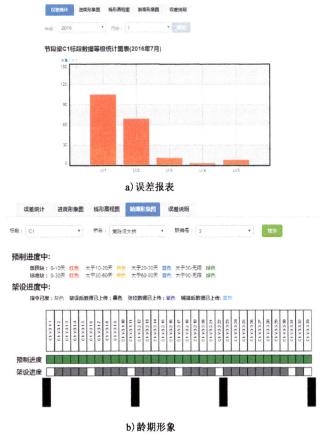

图 7-15

133

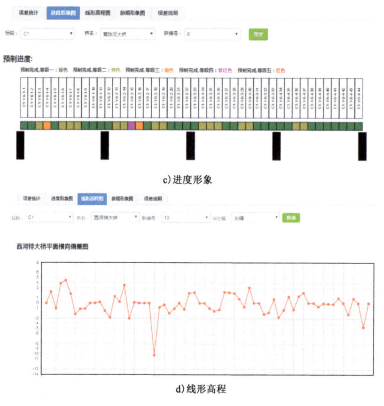

c) 进度形象

d) 线形高程

图 7-15 功能界面

误差报表采用柱状图显示的方法,默认显示当前月份的误差统计,可查看历史月份的误差统计,对于管理者可横向与纵向对比各单位的误差,便于质量管控。

进度形象同时示出了进度与误差两类信息,在形象图中以不同色块示出了误差等级。

龄期形象同时示出了进度与龄期两类信息,在形象图中以不同色块示出了存梁龄期区间。

BIM中心界面以联为单位展示信息数据,可定位至具体节段与具体钢束,对线形以及钢束应力的评估信息进行查询,如图7-16所示。

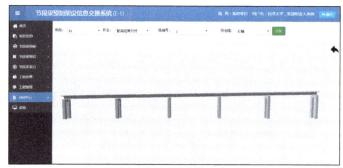

a) 检索及总体模型

图 7-16

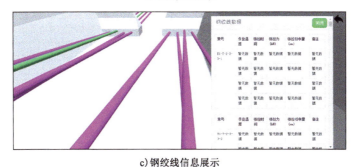

b) 节段信息展示

c) 钢绞线信息展示

图 7-16　BIM 中心界面

7.3　基于大数据的合理质量控制体系的建立

大数据概念起源于美国互联网信息行业，与软硬件技术的发展密不可分，2009 年起该概念才得到全面推进，属于新兴信息技术范畴，在互联网行业的发展也促进了大数据技术在制造行业的应用。

大数据具有 4V（即 Volume、Variety、Velocity 和 Value），桥梁工业化建造中的信息是符合大数据基本特征的：①Volume 是指庞大的数据量，工业化建造的规模是比较大的，全部质量信息所占据的空间是非常大的；②Variety 是指多样化，工业化建造过程中管控信息的维度较多，即包括线形、重量、龄期等直接信息，也包含工艺、流程等导向信息，具备多样化的特征；③Velocity 是指信息传输的速度，采用互联网平台的技术，开发适用多种终端的软件，加速了信息流转，具备高速特征；④Value 是指价值密度，大数据本身的价值密度较低，这也符合工业化建造的信息特征，对于关注的质量控制缺陷数据来说，需要在全部数据中进行挖掘来实现。

工业化建造的效率、精度提升亟须基于大数据的控制体系。可以预见，随着"智能建造"的不断发展，对数据进行采集、深度挖掘，并运用于工程品质提升，将成为核心竞争力。

本节对节段梁工业化制造中的大数据技术进行探索，首先提出在质量管控过程中的大数据质量管控指标，然后对节段预制与拼装主要质量控制指标的建立、体外预应力的主要质量控制体系分别进行介绍。

7.3.1 基于大数据的质量管控指标建立方法

从信息管控功能需求的角度上,需要利用信息进行质量检验、质量成因定位,并基于如上研究对生产工艺进行改进。对于工业化建造来说,对实践指标统计也可以为质量标准的制定提供直接依据,为其他工程提供参考。

按照如上要求,制定了质量及工艺状态两类指标:质量指标是基于误差统计,直接给出梁长、线形、预应力等控制内容的控制情况;工艺状态指标则通过关联误差与工艺信息,给出对工艺水平的可控性以及稳定性的评价。指标建立的方法及指标作用示意如图 7-17 所示。

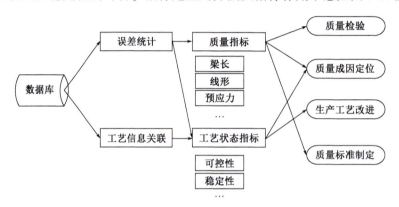

图 7-17 指标建立方法及指标作用示意图

指标的具体应用:

(1)用于质量检验

注意到工程不可逆的客观事实,不再采用合格线一刀切的方法,而是将质量标准划分为不同等级,在合格基础上设置考核优异程度的指标标准,以此作为考评依据。将合格线向下浮动的一定范围设置容许偏差的指标标准,作为实际应用的可接受最低限度;与合格线偏差较大的情况才采用报废的指标标准。

(2)用于质量成因定位

由于信息本身是关联的,采用基于工艺的统计方式,可以通过类比实现质量成因快速定位。类比方式有三种:首先,同步进展的各生产线之间的类比,可以定位较差的生产线,便于局部问题的查找;其次,工厂历史生产质量的对比,可以定位材料或管理缺陷;再次,同步进展的各工厂之间的对比,可以从宏观上定位工艺缺陷问题。

(3)生产工艺改进

大数据分析可以为工艺的改进提供直接的参考意见。对于大型建造工程,质量控制优异且具有稳定性的生产方式能够通过数据统计予以挖掘,通过对生产方式的全面考察,有助于形成高标准的生产方式,提高整体的工艺水平。而对质量缺陷成因的定位,也可以为其中的不稳定因素的控制提供有力工具,使工艺日趋完善。

(4)质量标准的制定

我国工业化建造目前尚处于起步阶段,质量标准基本上借鉴了国外的标准体系,并未形成适合我国工艺水平的质量标准。大型项目的实践,为标准的检验与修订提供了工程基础,采用信息化手段收集全面的制造信息,则提供了良好的数据基础,大数据分析方法则为制定质量标准提供了手段。

通过对全工程的质量指标实际控制结果进行统计分析,既可以反映工程总体的制造精度及工艺水平,也可以获得更具有实际意义的质量控制标准。

7.3.2 节段预制与拼装主要质量控制指标的建立

节段梁预制与拼装主要关注梁长、梁重、预制线形与安装线形误差等指标。梁长是指中轴线长度,在其过大的情况下,会压缩湿接缝宽度,导致最后一榀无法调入;梁重是指节段预制后的称重,主要影响成桥内力状态;预制线形是指预制结束后、主梁安装前进行线形评估,反映预制状态与设计状态的偏差;安装线形是指安装结束后进行线形评估,反映安装状态与指令状态的偏差。

1) 梁长

统计全线的实际梁长与监控指令给出的梁长的偏差,其分布如图 7-18 所示。图中以梁长误差作为柱状图统计的横坐标,以节段在对应误差范围内所占比例作为竖坐标,从图中可以看出,绝大部分梁长误差在 −10 ~ +10 mm 以内,仅有少部分梁长误差位于 ±10 ~ ±50mm 以内。

产生较大偏差的原因为工艺原因,其多发生在墩顶块或加强块,为便于预埋体外束预应力管道或者便于脱模,对梁长进行了局部调整。由于该情况为极端情况,故剔除该部分误差,对小误差分布进行统计,如图 7-18b) 所示。

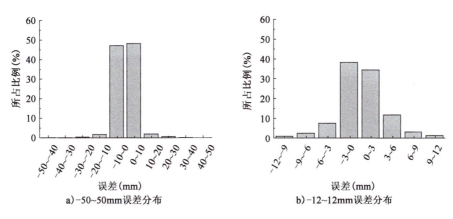

图 7-18 全线梁长误差统计直方图

小误差中,约占 72.8% 比例的梁长误差分布在 ±3mm 以内,具有较高的精度,但较大误差的 3 ~ 6mm 也有 11.8% 的占比。这是由于不同预制厂存在不同的生产精度,该误差不能反映最佳的预制水平。

按预制厂统计梁长误差分布如图 7-19 所示,预制厂 C 的控制精度最佳,其 3 ~ 6mm 误差的占比仅为 4.9%;预制厂 A 的控制精度最差,其 3 ~ 6mm 误差的占比达到 19.2%。从对比结果可以看出,各预制厂的控制差异还是比较显著的。

常规梁长控制标准为 −3 ~ 0mm,主要是出于控制接缝长度考虑,允许产生负误差,然而该标准为约定标准,缺乏研究,是不符合实际工艺情况的。考虑到监控指令中已经扣除胶缝宽度，实际控制的偏差在孔跨内是随机分布的，正负误差部分抵消，对安装影响是比较小的。故以全线工艺平均水平考虑，对误差分布进行拟合，得到的公式见式(7-1)，拟合结果与实测结果对比如图 7-20 所示。

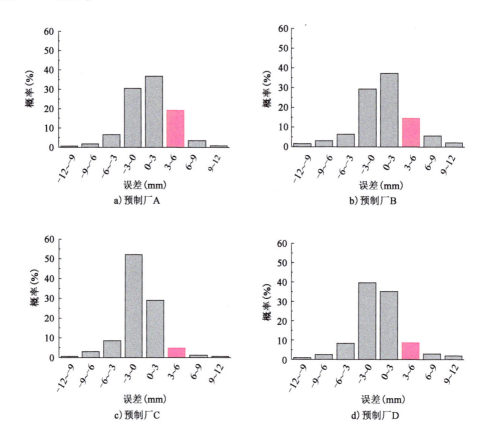

图 7-19　按预制厂统计梁长误差直方图

$$f(x) = \frac{1}{0.0032\sqrt{2\pi}} e^{-\frac{1}{2}\left(\frac{x-0.000233}{0.0032}\right)^2} \quad (7-1)$$

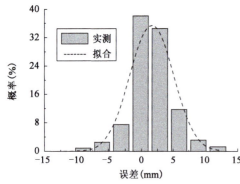

图 7-20　梁长误差概率的正态分布拟合结果及实测结果对比

以 5% 分界线作为梁长超限标准，取 -5 ~ +5mm 作为梁长控制标准，该控制标准的使用原则为，用于偏差计算的理论梁长需扣除胶缝影响，且梁长正、负方向的偏差随机分布，有利于控制跨内整体梁长。

2）梁重

梁重与梁长分布具有相似的规律，由于对梁重的控制指标宽于主梁长度的控制指标，在主梁长度受控的情况下，主梁重量一般可控。略去对不同预制厂的对比，关注梁重误差，将直方图与拟合图绘制于图 7-21 中。

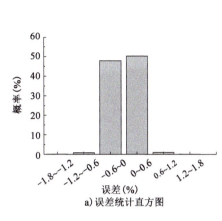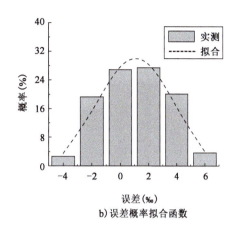

图 7-21　全线梁重误差统计直方图与拟合函数

拟合函数见式(7-2)。

$$f(x) = \frac{1}{0.0023\sqrt{2\pi}} e^{-\frac{1}{2}\left(\frac{x-0.00008305}{0.0023}\right)^2} \quad (7\text{-}2)$$

以 5% 分界线作为梁重控制超限标准,取 $-6‰ \sim +4‰$ 作为梁重控制标准,该标准严于常规控制标准($-10‰ \sim +10‰$),是目前工艺水平完全可控的,对结构受力的影响也较小。

3)预制线形

统计每片梁预制后的平面线形误差与高程线形误差,误差的计算(图 7-22)方法如下。

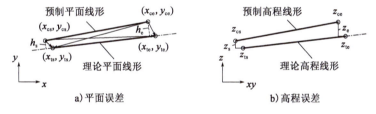

图 7-22　误差计算示意图

平面线形误差是指横桥向的预制偏差,由于每片梁有前端 S 与后端 E 之分,故分别计算前端与后端的平面线形误差。

以前端 S 为例,需计算预制平面位置(x_{cs}, y_{cs})与理论平面线形之间的距离,首先将该点与理论两点连成三角形区域,由向量叉乘得到三角形面积,再除以底边边长即可得垂直距离 h_s,h_e 也可采用相同方法获得,具体如下:

$$h_s = \frac{(x_{ts} - x_{cs})(y_{te} - y_{cs}) - (y_{ts} - y_{cs})(x_{te} - x_{cs})}{\sqrt{(x_{ts} - x_{te})^2 + (y_{ts} - y_{te})^2}} \quad (7\text{-}3)$$

$$h_e = \frac{(x_{ts} - x_{ce})(y_{te} - y_{ce}) - (y_{ts} - y_{ce})(x_{te} - x_{ce})}{\sqrt{(x_{ts} - x_{te})^2 + (y_{ts} - y_{te})^2}} \quad (7\text{-}4)$$

其中,h_s 为 S 端的平面线形误差;h_e 为 E 端的平面线形误差;x_{ts}、y_{ts} 为 S 端的理论坐标;x_{te}、y_{te} 为 E 端的理论坐标;x_{cs}、y_{cs} 为 S 端的预制平面坐标;x_{ce}、y_{ce} 为 E 端的预制平面线形坐标。

对比 h_s 与 h_e 的绝对值,以最大值对应的计算值作为本节段的平面误差。

高程线形误差计算中,由于纵向错动对高程影响较小,故直接采用预制高程与理论高程的差值作为高程偏差值。

$$z_s = z_{cs} - z_{ts} \tag{7-5}$$

$$z_e = z_{ce} - z_{te} \tag{7-6}$$

其中,z_s 为 S 端的高程线形误差;z_e 为 E 端的高程线形误差;z_{ts}、z_{te} 分别为 S 端和 E 端的理论高程,z_{cs}、z_{ce} 分别为 S 端和 E 端的预制高程。

对比 z_s 与 z_e 的绝对值,以最大值对应的计算值作为本节段的高程线形误差。

统计全线范围内每榀节段的最大预制线形误差,如图 7-23 所示,由误差分布可以看出,平面线形及高程线形最大误差均处于 -10~+10mm 之间。其中,90.5% 的平面线形误差处于 -4~+4mm 之间,92.6% 的高程线形误差处于 -4~+4mm 之间,预制线形控制精度较高。

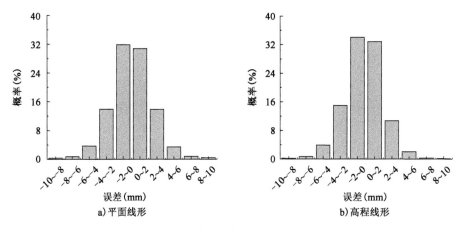

图 7-23 全线预制线形误差统计直方图

考察各预制厂的预制精度,如图 7-24 所示。与梁长误差不同,各预制厂的线形误差分布是比较近似的。其中,较好的是预制厂 C,94.8% 的平面线形误差介于 -4~+4mm 之间,96.5% 的高程线形误差介于 -4~+4mm 之间;平面预制精度相对较低的是预制厂 B,有 87.0% 的平面误差介于 -4~+4mm 之间;高程预制精度相对较低的是预制厂 D,有 88.5% 的高程线形误差介于 -4~+4mm 之间。

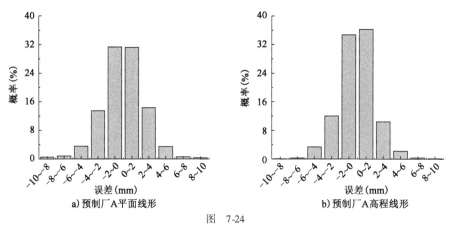

图 7-24

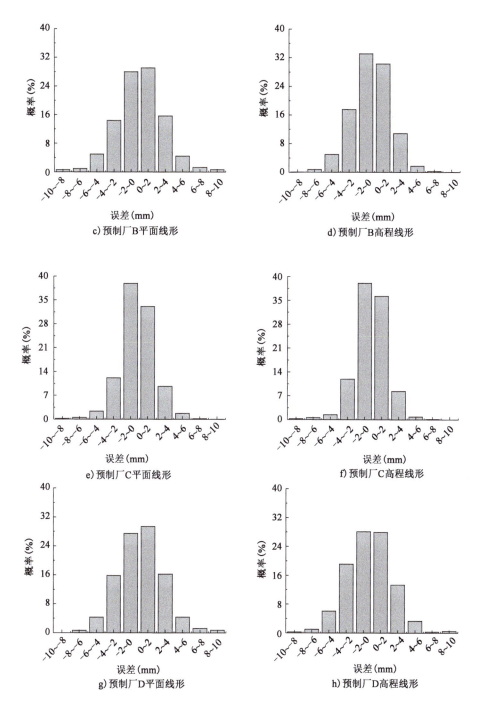

图 7-24 预制线形误差按预制厂统计直方图

各预制厂控制精度的相似性表明,工厂化的预制模式是比较稳定的,也是可以控制的。采用正态分布对全线误差进行拟合,分别得到平面线形与高程线形的误差概率密度函数,具体如下。

平面：
$$f(x) = \frac{1}{0.0025\sqrt{2\pi}} e^{-\frac{1}{2}\left(\frac{x+0.0000281}{0.0025}\right)^2} \tag{7-7}$$

高程：
$$f(x) = \frac{1}{0.0022\sqrt{2\pi}} e^{-\frac{1}{2}\left(\frac{x+0.000270}{0.0022}\right)^2} \tag{7-8}$$

实测与拟合概率分布如图 7-25 所示，以 5% 分界线作为线形误差控制超限标准，取 -4 ~ +4mm 作为平面线形与高程线形偏差的控制指标，该标准严于常规控制标准（-5 ~ +5mm），在目前工艺水平下是完全可控的。

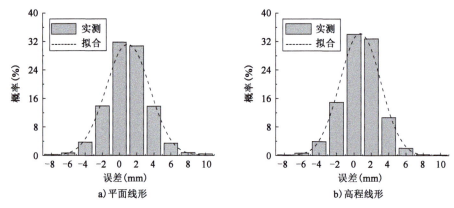

图 7-25　预制线形误差的正态分布实测及拟合频率对比

4）安装线形

统计每片梁安装后的平面与高程误差，误差的计算方法与预制线形计算方法相同，此处不赘述。统计全线范围内每榀节段的最大安装偏差，如图 7-26 所示，由误差分布可以看出，平面线形及高程线形最大误差均处于 -15 ~ +15mm 之间。其中，96.9% 的平面线形偏差处于 -8 ~ +8mm 之间，97.7% 的高程线形偏差处于 -8 ~ +8mm 之间。安装线形精度较预制线形精度降低，这主要是安装作业控制难度较大所致。

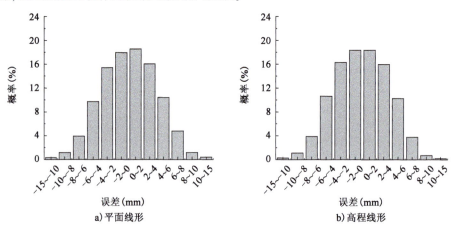

图 7-26　全线安装线形误差统计直方图

考察各安装单位的安装精度,如图7-27所示。各安装单位的线形误差分布是比较近似的,基本上都能将平面线形误差或高程线形误差控制在-8~+8mm以内。其中,较好的是安装单位C,98.4%的平面线形误差介于-8~+8mm之间,98.8%的高程线形误差介于-8~+8mm之间。

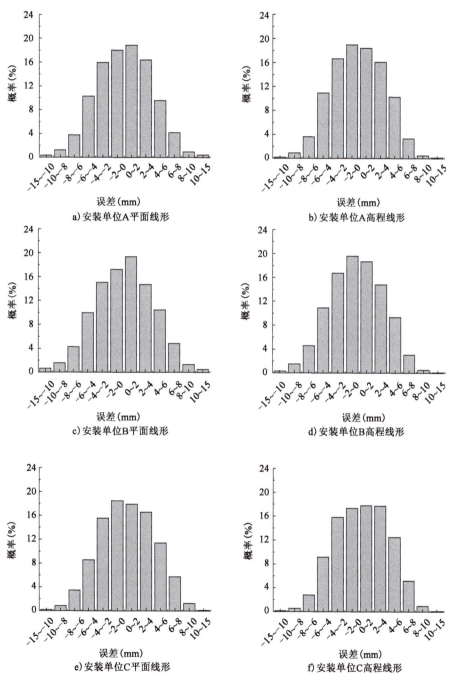

图 7-27

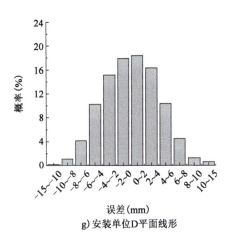
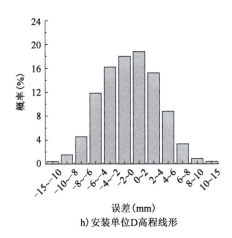

g) 安装单位D平面线形　　　　　　　h) 安装单位D高程线形

图 7-27　安装线形误差按安装单位统计直方图

安装线形控制精度的相似性表明,采用架桥机进行拼装作业,其线形精度是可以控制的。采用正态分布对全线误差进行拟合,分别得到平面线形与高程线形的误差概率密度函数,具体如下。

平面:

$$f(x) = \frac{1}{0.0039\sqrt{2\pi}} e^{-\frac{1}{2}\left(\frac{x+0.000118}{0.0039}\right)^2} \tag{7-9}$$

高程:

$$f(x) = \frac{1}{0.0037\sqrt{2\pi}} e^{-\frac{1}{2}\left(\frac{x+0.000086}{0.0037}\right)^2} \tag{7-10}$$

实测与拟合概率分布如图 7-28 所示,以 5% 分界线作为线形误差控制超限标准,取 $-8 \sim +8$ mm 作为平面线形与高程线形误差的控制指标,该标准严于常规控制标准($-5 \sim +5$ mm),是目前工艺水平完全可控的。

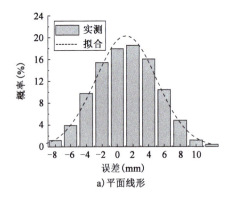
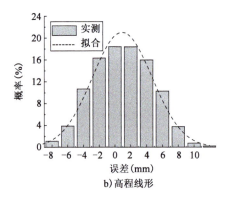

a) 平面线形　　　　　　　　　　b) 高程线形

图 7-28　安装线形误差的正态分布拟合及实测概率对比

7.3.3 体外预应力的主要质量控制体系

7.3.3.1 指标建立过程

体外束应力控制对于全体外预应力节段混凝土箱梁的运营安全至关重要,受张拉时混凝土龄期、工艺稳定性影响,钢束应力呈现一定的分布规律。图7-29所示为全线抽检12482根钢绞线的统计数据。

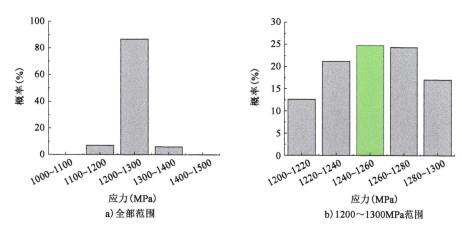

图7-29 全线抽检12482根钢绞线应力分布直方图

大多数应力集中于1200～1300MPa范围内,但也有少数应力集中在1100～1200MPa以及1300～1400MPa范围内,更有少量钢绞线的应力低于1100MPa或高于1400MPa,出现较大偏差。

1200～1300MPa范围内的应力分布基本上比较均匀,靠近标准张拉应力1265MPa的数量略多。

钢绞线应力的分布反映了两个问题,首先可能出现钢绞线较小应力及较大应力等非正常状态,其次应力可能产生的波动较大,范围达到-65～+35MPa。在这两种状态的影响下,结构可能出现较低预应力组合以及较高预应力组合两种状态,前者直接影响结构的安全性能,后者则影响钢绞线的寿命,或导致箱梁产生压损现象。

由于难以彻查单根钢绞线的应力状态,从关注体系受力的角度出发,同时尽量兼顾单根钢绞线受力状态,提出体外束应力偏差指标与单束钢绞线应力均匀性两个检验指标。

体外束应力偏差指标是指,在单束内随机抽取10%的钢绞线,以钢绞线平均应力作为单束应力,计算实测应力与理论应力的偏差百分比,见式(7-11)。

单束钢绞线应力均匀性指标是指,同一束内抽检的钢绞线与平均应力的最大偏差百分比,见式(7-12)。

$$\sigma_{avg} = \frac{1}{n}\sum_{i=1}^{n}\sigma_i \tag{7-11}$$

$$e_s = \frac{\sigma_{avg} - \sigma_t}{\sigma_t} \tag{7-12}$$

$$e_{h,i} = \frac{\sigma_i - \sigma_{avg}}{\sigma_{avg}} \tag{7-13}$$

其中，σ_{avg} 为单束平均应力；e_s 为体外束应力偏差指标；$e_{h,i}$ 为第 i 根钢绞线的应力均匀性指标；σ_i 为第 i 根钢绞线抽检应力；n 为抽检根数；σ_t 为理论张拉应力。

通过对结构体系分析表面，体外束应力偏差指标以下限进行控制，允许最大的偏差量为 -3%；为控制单根钢绞线应力，提出钢绞线的应力均匀性指标应控制在 -4% ~ +4% 之内。

7.3.3.2 体外束应力偏差指标

将四家安装单位的体外束应力偏差指标汇总于图 7-30。其中，安装单位 A、B、C、D 分别检测 568 束、379 束、568 束、536 束。

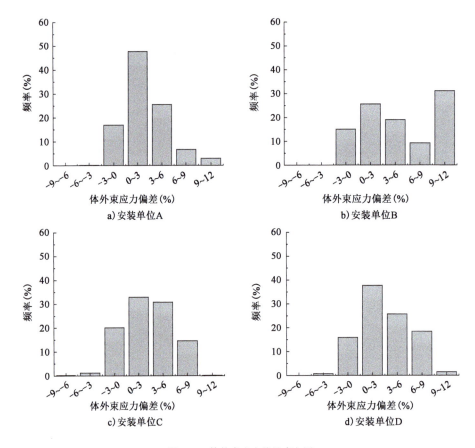

图 7-30 体外束应力偏差直方图

各单位对下限指标控制较好，出现小于 -3% 的比例极少，且检测出不满足后进行了补张拉或者换索工作，确保体系安全。

从各单位对比可以看出，张拉工艺差别对应力影响较大；安装单位 A 控制较好，误差相对较小；安装单位 B 索力出现整体抬升的情况，这是现场提高了张拉控制应力所致，在分析后，对局部应力偏大的体外束进行了相关处治；安装单位 C 与安装单位 D 控制水平相当，各偏差范围内均有一定数量的体外束分布。

7.3.3.3 单束钢绞线应力均匀性指标

统计各安装单位单束钢绞线应力均匀性指标,如图7-31所示,各单位抽检束数与7.3.3.2节相同。

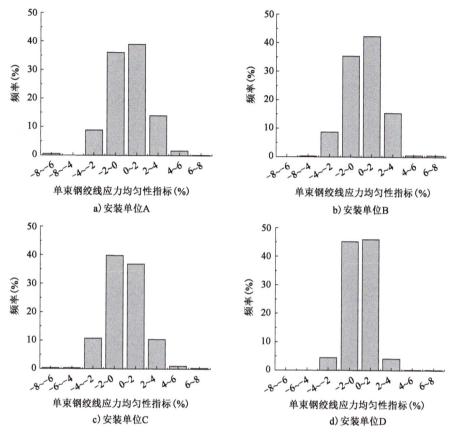

图7-31 单束钢绞线应力均匀性指标的直方图

从统计结果可以看出,各单位钢绞线应力均匀性均能控制在 -4% ~4% 之内,对超出控制标准的少量索束进行了补张拉或换索工作。其中,安装单位 D 的控制精度较高,均匀性基本上可控制在 -2% ~2% 以内,其余安装单位控制的控制精度相当。

参 考 文 献

[1] 张曙.工业4.0和智能制造[J].机械设计与制造工程,2014(8):1-5.
[2] 沈祖炎,李元齐.建筑工业化建造的本质和内涵[J].建筑钢结构进展,2015.17(5):1-4.
[3] 张喜刚,刘高,马军海,等.中国桥梁技术的现状与展望[J].科学通报,2016(Z1):415-425.
[4] 刘美霞,等.住宅产业化装配式建造方式节能效益与碳排放评价[J].建筑结构,2015(12):71-75.
[5] 杨闯,刘香.我国装配式住宅现存问题及应对策略分析[J].建筑技术,2016,47(4):301-304.
[6] López-Mesa B. Comparison of environmental impacts of building structures with in situ cast floors and with precast concrete floors[J]. Building & Environment,2009,44(4):699-712.
[7] 廖放明,李德慧,王国安,体外预应力技术及其在桥梁工程中的应用综述[J].中外公路,2005.25(1):74-77.
[8] 孙宝俊,周国华.体外预应力结构技术及应用综述[J].东南大学学报(自然科学版),2001,31(1):109-113.
[9] Rombach G. Precast segmental box girder bridges with external prestressing-design and construction-Summary 1 Introduction[J]. INSA Rennes,2002,19(02):1-15.
[10] 缪英.建筑工业化PC技术在成都示范项目的应用研究[D].成都:西南交通大学,2017.
[11] 王玉.工业化预制装配建筑的全生命周期碳排放研究,南京:东南大学,2016.
[12] 王振华.我国铁路预应力混凝土桥梁及标准化设计的发展[J].铁道标准设计,2005(07):149-158.
[13] 项贻强,等.快速施工桥梁技术及其研究[J].中国市政工程,2015(04):28-32,35,99.
[14] Podolny W,J M Muller. Construction and design of prestressed concrete segmental bridges(wiley series of practical construction guides)[M]. Bridges,1982.
[15] Tadros M K,et al. Precast prestressed concrete bridge design manual[M]. 1997.
[16] 陈彪.桥梁预制节段拼装施工技术发展概述[J].筑路机械与施工机械化,2014,31(3):31-36.
[17] Brockmann,C.R.H..Bang Na Expressway. Bangkok. Thailand—World's longest bridge and largest precasting operation[J]. PCI journal,2000,45(1).
[18] Takebayashi T,B Dodson,T Dan. Analyzing the Ultimate Capacity of a Precast Segmental Box Girder Bridge[J]. Structural Engineering International,1996,6(4).
[19] 冯为民,高架公路新型构件——沪闵高架公路(二期)预制节段梁生产工艺的研究应用[J].建筑施工,2002,24(6):427-429.
[20] 金仁兴,等.沪闵高架二期节段箱梁拼装施工技术[J].上海建设科技,2004(1):21-22.

[21] 傅琼阁.苏通大桥体外预应力箱梁施工技术[J].公路,2007(4):88-93.

[22] Guo Z W,S W Huang, C Y Shao. Application of Precasting and Assembling Techniques to Construction of Shanghai Changjiang River Bridge[J]. World Bridges,2009.

[23] 王晓东.预应力混凝土结构内力重分布研究[D].哈尔滨:哈尔滨工业大学,2014.

[24] Dall'Asta A,D. L. Nonlinear analysis of beams prestressed by unbonded cables[J]. Journal of engineering mechanics,1993,119(4):720-732.

[25] Dall'Asta A, L Dezi. Nonlinear Behavior of Externally Prestressed Composite Beams: Analytical Model[J]. Journal of Structural Engineering,1998.124(5):588-597.

[26] Ghallab A,A W Beeby. Factors affecting the external prestressing stress in externally strengthened prestressed concrete beams[J]. Cement & Concrete Composites,2005.27(9):945-957.

[27] Harajli M,N Khairallah. Externally Prestressed Members:Evaluation of Second-Order Effects [J]. Journal of Structural Engineering,1999,125(10):1151-1161.

[28] Reineck K H,T Kuchler. Analysis of Beams Prestressed with Unbonded Internal or External Tendons[J]. Journal of Structural Engineering,1995,119(9):2680-2700.

[29] 牛斌.体外预应力混凝土梁极限状态分析[J].土木工程学报,2000,33(3):7-15.

[30] 徐栋,项海帆.体外预应力混凝土桥梁非线性分析[J].同济大学学报(自然科学版),2000,28(4):402-406.

[31] 李国平,沈殷.体外预应力筋极限应力和有效高度计算方法[J].土木工程学报,2007,40(2):47-52.

[32] Jones L L. Shear test on joints between precast post-tensioned units[J]. Magazine of Concrete Research,1959,11(31):25-30.

[33] Koseki K,Breen J E. Exploratory study of shear strength of joints for precast segmental bridges [M].1983.

[34] Beattie S M. Behavioral improvements in segmental concrete bridge joints through the use of steel fibers[J]. Massachusetts Institute of Technology,1989.

[35] Bakhoum M M. Shear behavior and design of joints in precast concrete segmental bridges[J]. Massachusetts Institute of Technology,1991.

[36] Turmo, et al. Shear strength of match cast dry joints of precast concrete segmental bridges: proposal for Eurocode 2[J]. Materiales De Construccion,2006,56(282):45-52.

[37] Turmo J,Gonzalo Ramos, Ãngel Carlos Aparicio. Structural behaviour of segmental concrete continuous bridges with unbonded prestressing and dry joints[J]. Structure & Infrastructure Engineering,2011,7(11):857-868.

[38] Shamass R,X Zhou, G Alfano. Finite-Element Analysis of Shear-Off Failure of Keyed Dry Joints in Precast Concrete Segmental Bridges [J]. Journal of Bridge Engineering, 2014. 20(6):04014084.

[39] Shamass R,X Zhou, Z Wu. Numerical Analysis of Shear-Off Failure of Keyed Epoxied Joints in Precast Concrete Segmental Bridges [J]. Journal of Bridge Engineering, 2016. 22(1):04016108.

[40] Voo Y L, S J Foster, C V Chen. Ultrahigh-Performance Concrete Segmental Bridge Technology: Toward Sustainable Bridge Construction[J]. Journal of Bridge Engineering, 2015, 20(8).

[41] 汪双炎. 悬臂拼装节段梁剪力键模型试验研究[J]. 铁道建筑, 1997(3):23-28.

[42] 李国平. 体外预应力混凝土简支梁剪切性能试验研究[J]. 土木工程学报, 2007, 40(2):58-63.

[43] 李国平, 沈殷. 体外预应力混凝土简支梁抗剪承载力计算方法[J]. 土木工程学报, 2007, 40(2):64-69.

[44] 李国平. 体外预应力混凝土桥梁设计计算方法[D]. 上海:同济大学, 2006.

[45] 李甲丁. 南京长江四桥节段预制拼装刚构体系与抗剪性能研究[D]. 南京:东南大学, 2010.

[46] 陈黎. 预制节段式混凝土桥梁干接缝抗剪性能研究[D]. 广州:广东工业大学, 2013.

[47] 孙雪帅. 预制拼装桥梁节段间接缝抗剪性能试验研究[D]. 南京:东南大学, 2015.

[48] 张策. 超大跨径UHPC连续箱梁桥接缝设计及模型试验[D]. 长沙:湖南大学, 2014.

[49] 刘桐旭, 节段预制拼装UHPC梁接缝抗剪性能试验与理论研究[D]. 南京:东南大学, 2017.

[50] Zhou X, N Mickleborough. Shear Strength of Joints in Precast Concrete Segmental Bridges[J]. ACI Structural Journal, 2005, 102(1):901-904.

[51] 单成林. 从不同的施工方法论体外预应力桥梁的特性[J]. 中外公路, 2003(04):18-20.

[52] 孙莉. 体内-体外混合配束节段预制拼装桥梁设计方法研究[D]. 南京:东南大学, 2009.

[53] 蔺鹏臻. 混凝土箱梁剪力滞效应的分析理论与应用研究[D]. 兰州:兰州交通大学, 2011.

[54] 中华人民共和国行业标准. 公路钢筋混凝土及预应力混凝土设计规范:JTJ 023—1985[S]. 北京:人民交通出版社, 1985.

[55] 中华人民共和国行业标准. 公路钢筋混凝土及预应力混凝土桥涵设计规范:JTG D62—2004[S]. 北京:人民交通出版社, 2004.